U0113187

先生游南镇，一友指岩中花树问曰："天下无心外之物，如此花树在深山中自开自落，于我心亦何相关？"先生曰："你未看此花时，此花与汝心同归于寂。你来看此花时，则此花颜色一时明白起来，便知此花不在你心外。"

SONGMING
RUXUE
LUN

宋明儒学论

陈 来 ＼著

陕西新华出版传媒集团
陕西人民出版社

陈来，当代著名哲学家、哲学史家。清华大学国学研究院院长，清华大学哲学系教授、博士生导师。师从张岱年先生、冯友兰先生。获第四届全球华人国学终身成就奖等多个奖项。

繁体版序

香港三联书店要出版一套"三联人文"书系，每本书由作者选其若干研究论文，主编邀我参加其中，我便应允了。不过篇目之选，并不容易，我考虑之后，选了六篇。

我的研究领域，从学科来说，是属于"中国哲学"。而我所研究的历史时段，虽然也包括古代和现代，但究竟以近世为基地和主干，故本书所选收的论文，以宋明儒学为其主题。我对宋元明清理学的研究，以朱子学、阳明学、船山学为主，故本书的《朱熹淳熙初年的心说之辩》《王阳明哲学的心物论》《王船山晚年的思想宗旨》，即分别对应这三个方面，而突出其哲学的研究。

事实上，所谓"中国哲学"的研究，无论在对象和方法上，都不限于西方意义上的哲学，包含略广。如本书所收的《李延平与朱晦庵》属于道学思想史的研究，《宋明儒学与神秘主义》是比较宗教学取向的儒学研究，而《王阳明与阳明洞——王阳明越城活动考》则是考证的文章。由这几篇可以了解我的宋明儒学研究的一些其他侧面。

　　当然，由于篇幅的限制，无论从哲学的研究，还是从其他途径进行的研究，本书还无法反映我对宋元明清儒学研究的全貌，更不能容纳我在古代思想和现代哲学方面的研究，但这些论文，在彰显我的研究的特色方面，还是有代表性的。

二〇〇八年五月于北京

目录

李延平与朱晦庵

朱熹绍兴二十三年(一一五三年)见李侗于延平,延平先生告以儒释之辨,此后年岁之间,朱子颇味延平之言,渐觉禅学之非,而立志归本伊洛,此一过程及相关事实考辨,我已有文为之详述。① 本篇则专论朱子与延平授受渊源与思想关系,故以《延平答问》为主要材料。按《延平答问》为李侗答朱熹论学书,其第一书在绍兴丁丑(一一五七年)六月,时朱子二十八岁,尚在同安为主簿。以其书中之语观之,并非延平与朱子初次通书,以此推知,在此之前延平、朱子之间当已有书。朱子绍兴癸酉(一一五三年)见延平,时二十四岁,李延平卒于隆兴元年癸未(一一六三年),时朱子三十四岁,两人交往近十年。即使自绍兴丁丑至癸未计之,亦近七年之久。李朱在此期间的思想交往,对朱熹思想发展影响很大,对李

---

① 朱子此一期间之思想研究,还可参看钱穆所著《朱子新学案》的相关章节。

侗晚期思想也有重要意义。本章因站在朱子思想研究的角度，注重丁丑戊寅之后朱熹所受李侗的影响，以及朱熹与李侗思想的差异和此种差异在理学史发展中的意义，故对延平晚年思想因受朱子之刺激而发生的变化不予讨论。

一、道南之传

李侗字愿中，福建南剑州剑浦人，因久居延平，学者称"延平先生"。"考亭朱氏出延平李氏，延平李氏出豫章罗氏"[①]，李侗是朱熹早年最重要的老师。

李侗曾从学于罗从彦（字仲素，号豫章），罗从彦为程氏门人杨时（龟山）的高弟。《宋史·罗从彦本传》："罗从彦字仲素，剑浦罗源人。曾祖文弼，祖世南，父神继。从彦幼颖悟，不为言语文字之学。及长，严毅清苦，笃志求道。徒步往从杨时受业，见三日，即惊汗浃背，曰'不至是，几虚过一生矣'。时弟子千余人，无及从彦者。尝讲易至乾九四爻，告以囊闻伊川说甚善，从彦即裹粮走洛，见而问之。颐反复以告，亦不外是。乃归卒业，尽得不传之秘。"朱熹也说："罗仲素先生得河洛之学于龟山杨文靖公之门。"又说："初龟山先生倡道东南，士人游其门者甚众，然语其潜思力行、任务诣极如罗公者，盖一人而已。"[②]龟山亲学于程颢、程颐，当其归家时，

---

①　刘将孙：《豫章稿跋》，《李延平集》卷四，丛书集成初编本。
②　《朱子文集》（以下简称《文集》）卷九七，四部丛刊本，《延平李先生行状》。

程颢尝曰"吾道南矣"，寄望颇殷。政和初龟山为萧山令，罗从彦已四十一岁。"徒步往学焉，龟山熟察之，喜曰：'惟从彦可与言道。'"①《宋元学案》称："往洛见伊川，归而从龟山者久之。建炎四年，特科授博罗主簿。官满，入罗浮山静坐。……先生严毅清苦，在杨门为独得其传。龟山初以饥渴害心令其思索，先生从此悟入，故于世之嗜好泊如也。"②罗从彦虽亦亲见伊川，其学问宗旨毕竟得于龟山杨氏，故《宋元学案》虽称其为程杨门人，终归之于龟山门下。而后来竟有"南剑三先生"（杨时、罗从彦、李侗）之说，以罗从彦独得杨时真传而再传于李侗。

政和末，李侗从学于罗从彦③，其初见时以书谒，略曰："先生服膺龟山之讲席有年矣，况尝及伊川先生之门，得不传之道于千五百年之后，性明而修、行完而洁，扩之以广大、体之以仁恕，精深微妙，各极其至。汉唐诸儒，无近似者。……凡读圣贤之书、粗有见识者，孰不愿得受经门下，以质所疑！"④罗从彦对李侗也颇器重，其与陈默堂书云："承喻'圣道甚微，有能于后生中得一个半个可以与闻于此，庶几传者愈广、吾道不孤，又何难之不易也'，从彦闻尊兄此言，犹着意询访，近有后生李愿中者，向道甚锐，曾以书求教，

① 《宋元学案》卷三九，《豫章学案》黄百家按语，中华书局标点本，一二七七页。
② 《宋元学案》卷三九，《豫章学案》，一二七〇页。
③ 《罗豫章集》，《年谱》，丛书集成初编本。
④ 《李延平集》卷一，《初见罗豫章先生书》。

趋向大抵近正。谩录其书，并从彦所作诗呈左右，未知以为然否。"①李侗从学罗从彦后，颇守其传，从彦孙罗博文与李侗往来甚多，对李侗之学很为推崇，亦言"延平先生之传，乃某伯祖仲素先生之道、河洛之学，源远流长"②。绍兴二十八年（一一五八年）戊寅正月，朱熹自同安罢归，经延平再见李侗。不久朱熹与范如圭有书，中说："李丈名侗，师事罗仲素先生。罗尝见伊川，后卒业于龟山之门，深见称许，其弃后学久矣，李丈独得其阃奥，经学纯明，涵养精粹。"③这也表明，至少在绍兴末，李侗的洛学渊源差不多已是众所周知的了。李侗死后，朱熹为作行状，其中更强调李侗在洛学正传中的地位："已而闻郡人罗仲素先生得河洛之学于龟山杨文靖公之门，遂往学焉。""从之累年，受《春秋》、《中庸》、语孟之说，从容潜玩，有会于心，尽得其所传之奥。"④

朱熹曾概述李侗的学问思想：

> 讲诵之余，危坐终日，以验夫喜怒哀乐未发之前气象如何，而求所谓中者。若是者盖久之，而知天下之大本真有在于是也。盖天下之理无不由是而出，既得其本，则凡出于此者，虽品节万殊，曲折历变，莫不该摄洞贯，以次融释，而各有条理，如

① 《李延平集》卷四，《与陈默堂书》。
② 《李延平集》卷四。
③ 《文集》卷三七，《与范直阁》。
④ 《文集》卷九七，《延平李先生行状》。

川流脉络之不可乱。大而天地之所以高厚，细而品汇之所以化育，以至于经训之微言、日用之小物，折之于此，无一不得其衷焉。由是操存益固，涵养益熟，精明纯一，触处洞然，泛应曲酬，发必中节。……故其言曰："学问之道不在多言，但默坐澄心、体认天理，若真有所见，虽一毫私欲之发，亦退听矣，久久用力于此，庶几渐明，讲学始有力耳。"又尝曰："学者之病，在于未有洒然冰解冻释处，纵有力持守，不过苟免显然悔尤而已。若此者，恐未足道也。"又尝曰："今人之学与古人异，如孔门诸子群居终日，交相切磨，又得夫子为之依归，日用之间观感而化者多矣。恐于融释而脱落处，非言说所及也。不然，子贡何以言夫子之言性与天道不可得而闻也耶？"尝以黄太史之称濂溪周夫子胸中洒落如光风霁月云者为善形容有道者气象，尝讽诵之，而顾谓学者曰："存此于胸中，庶几遇事廓然而义理少进矣。"其语《中庸》曰："圣门之传是书，其所以开悟后学无遗策矣。然所谓喜怒哀乐未发谓之中者，又一篇之指要也，若徒记诵而已，则亦奚以为哉？必也体之于身，实见是理，若颜子之叹，卓然见其为一物而不违乎心目之间也，然后扩充而往，无所不通，则庶乎其可以言《中庸》矣。"……尝语问者曰："讲学切在深潜缜密，然后气味深长，蹊径不差，若概以理一而不察乎其分之殊，此学者所以流于疑似乱真之说而不自知也。"其开端示人大要类此。①

根据朱熹所说，李侗学问大旨有四，即"默坐澄心""洒然融释""体验未发""理一分殊"。只是，在这几个方面，李侗自己的表述和侧重与经过朱熹精心调整而加以细微改变后的表述与侧重有所不同。我们将在下面对此做进一步的研究。

二、体验未发

李侗一生得力处在"静中体验未发"。《中庸》说"喜怒哀乐未发谓之中，发而皆中节谓之和"②，程颐与其门人吕大临、苏季明等曾多次讨论过"未发"与"已发"的问题，但关于未发已发的心性论和功夫论意义程颐曾有几种不同的说法，而且这个问题在程颐思想中并不占重要地位。二程高弟杨时则把"未发"的问题作为其思想体系的核心。他说："道心之微，非精一，其孰能执之？惟道心之微而验之于喜怒哀乐未发之际，则其义自见，非言论所及也。"③又说："《中庸》曰'喜怒哀乐未发谓之中，发而皆中节谓之和'，学者当于喜怒哀乐未发之际，以心体之，则中之意自见。执而勿失，无人欲之私焉，

---

① 《文集》卷九七，《延平李先生行状》。
② 《中庸》第一章。
③ 《宋元学案》卷二五，九五一页。

发必中节矣。"①由于杨时重视喜怒哀乐未发时的体验，所以强调"静"的功夫，他说："夫至道之归，固非笔舌能尽也。要以身体之，心验之，雍容自尽，燕闲静一之中默而识之，兼忘于书言意象之表，则庶乎其至矣。"②罗从彦学于龟山，深得此旨，"建炎四年，特科授博罗主簿。官满，入罗浮山静坐"，"先生严毅清苦，在杨门为独得其传。龟山初以饥渴害心令其思索，先生从此悟入，故于世之嗜好泊如也"。③ 罗从彦入罗浮山静坐，并不是坐禅入定，兀然无事，而是静坐体验未发气象。

罗从彦所以授予李侗者，亦正是"体验未发"。《延平答问》载李侗与朱熹书云："某曩时从罗先生问学，终日相对静坐，只说文字，未尝一及杂语。先生极好静坐，某时未有知，退入室中亦只静坐而已。先生令静中看喜怒哀乐未发之谓中，未发时作何气象。"④李侗初学时只是学罗之静坐，罗从彦告以当于静中体验未发时作何气象，李侗就此用力，一生未变。故朱熹于《延平李先生行状》说："先生既从之（从彦）学，讲诵之余，危坐终日，以验夫喜怒哀乐未发之前气象如何，而求所谓中者。"⑤而李侗用以教授朱熹者，自然是强调静中体验未发的功夫。朱熹《答何叔京》书云："李先生教人，大抵令于静中体认大本未发时气象分明，即处事应物自然中节，此乃龟

① 《宋元学案》卷二五，九五二页。
② 引自《宋元学案》卷二五，《寄翁好德》，九五二页。
③ 《宋元学案》卷三九，《豫章学案》，一二七〇页。
④ 《延平答问》（以下简称《答问》）庚辰五月八日书，延平府署藏版。
⑤ 《文集》卷九七，《延平李先生行状》。

山门下相传指诀。"①黄宗羲也说："罗豫章静坐看未发气象，此是明道以来下及延平一条血路也。"②这都指明，理学自二程之后发展至南宋初，以未发功夫为代表的内向直觉体验愈来愈占主导地位，事实上，二程之后，从杨时到李侗，理学的发展正是沿着这样一个方向前进的。

由于李侗承继了龟山门下体验未发这一传统，所以他一开始就力图把朱熹纳入这一轨道中来。绍兴庚辰李侗与朱熹书云：

> 夜气之说所以于学者有力者，须是兼旦昼存养之功不至梏亡，即夜气清。若旦昼间不能存养，即夜气何有？疑此便是日月至焉的气象也。某曩时从罗先生问学，终日相对静坐，……先生令静中看喜怒哀乐未发之谓中，未发时作何气象。此意不唯于进学有力，兼亦是养心之要。元晦偶有心恙，不可思索，更于此一句内求之静坐看如何，往往不能无补也。③

李侗所说的"更于此一句内求之静坐"就是指《中庸》首章的"喜怒哀乐未发谓之中"。在他看来，《孟子》中所说的"夜气"也是指此而言。孟子说："其日夜之所息，平旦之气，其

---

① 《文集》卷四〇，《答何叔京》第二书。
② 《宋元学案》卷三九，《豫章学案》按语，一二七页。
③ 《答问》庚辰五月八日书。

好恶与人相近也者几希，则其旦昼之所为，有梏亡之矣。梏之反复，则其夜气不足以存，夜气不足以存，则其违禽兽不远矣。"[1]李侗认为，涵养夜气即是中夜不与人物交接时的静中持养，这实际上就是《中庸》讲的未发功夫。只是未发的涵养体验不限于夜气，平旦之中也当静中体验未发。根据他的说法，体验未发与养心和养气相联系。事实上，从实践上看，静坐体验必然与调息相关，所以李侗在教朱熹体验未发时，首先是从孟子《夜气》一章的解释和实践入手的。早在丁丑六月李侗答朱熹书中即指出："承谕涵养用力处，足见近来好学之笃也。……孟子夜气之说更熟味之，当见涵养用力处也。于涵养处用力，正是学者之要。"[2]戊寅十一月与朱熹书说："夜气存，则平旦之气未与物接之时，湛然虚明气象自可见，此孟子发此夜气之说，于学者极有力。若欲涵养，须于此持守可尔。"[3]夜气这里显然是指夜间静坐以调养心气，而"未与物接之时"的"湛然虚明气象"正是罗从彦以来所说的"未发气象"，在这里，李侗明显的是用龟山门下的"体验未发"来诠释孟子的夜气之说，以夜气为未发时功夫。正如朱熹所说，李侗确实从一开始便通过各种方式引导朱熹从事未发静养的功夫，而这种引导在《答问》中处处可见。庚辰七月李侗与朱熹书云："某自少时从罗先生问学，彼时全不涉世故，未有所

---

① 《孟子·告子上》。
② 《答问》丁丑六月二十六日书，绍兴二十七年，朱子二十八岁。
③ 《答问》戊寅十一月十三日书，绍兴二十八年，朱子二十九岁。

入。闻先生之言，便能用心静处寻求，至今澳泪忧患磨灭甚矣。四五十年间每遇情意不可堪处，即猛省提撕，以故初心未尝忘废，非不用力，而迄于今更无进步处。"①辛巳十月书说："某窃以为'肫肫其仁'以下三句，乃是体认到此，达天德之效处，就喜怒哀乐未发之处存养至见此气象，尽有地位也。"②壬午五月书也说："承谕处事扰扰，便似内外离绝、不相该贯，此病可于静坐时收摄将来，看是如何，便如此就偏着处理会，久之知觉即渐渐可就道理矣。"③

李侗对朱熹抱有特别的期望，他曾与罗博文书称：

> 元晦进学甚力，乐善畏义，吾党鲜有，晚得此人商量所疑，甚慰。此人极颖悟，力行可畏，讲学极造其微处，某因此追求有所省。渠所论难处，皆是操戈入室，须从原头体认来，所以好说话。某昔于罗先生得入处，后无朋友，几放倒了，得渠如此，极有益。渠初从谦开善下功夫，故皆就里面体认，今既论难，见儒者路脉，极能指其差误处，自见罗先生来，未见有如此者。④

朱熹青年时曾师宗杲弟子开善寺道谦禅师学佛，对心性

---

① 《答问》庚辰七月书，绍兴三十年，朱子三十一岁。
② 《答问》辛巳十月十日书，绍兴三十一年，朱子三十二岁。
③ 《答问》壬午五月十四日书，绍兴三十二年，朱子三十三岁。
④ 《李延平集》卷一，《与罗博文书》。

体认功夫有相当了解，所以李侗说他"皆就里面体认"。但是，这并不意味着朱熹像李侗追随罗从彦时一样终日静坐以验夫未发气象。恰恰相反，尽管李侗对朱熹极口称赞，而朱熹对龟山门下的"体验未发"却始终没有表现出兴趣，李侗死后数年朱熹在与何叔京书中承认："……此乃龟山门下相传指诀。然当时亲炙之时，贪听讲论，又方窃好章句训诂之习，不得尽心于此，至今若存若亡。"①与何又一书也说："昔闻之师，以为当于未发已发之机默识而心契焉，然后文义事理触类可通，莫非此理之所出，不待区区求之于章句训诂之间也。向虽闻此而莫测其所谓。"②后《答林择之》书亦云："……二先生盖屡言之，而龟山所谓'未发之际能体所谓中，已发之际能得所谓和'，此语为近之。然未免有病。旧闻李先生论此最详，后来所见不同，遂不复致思。今乃知其为人深切，然恨不能尽记其曲折矣。……当时既不领略，后来又不深思，遂成磋过，孤负此翁耳。"③《中和旧说序》："余早从延平李先生学，受《中庸》之书，求喜怒哀乐未发之旨，未达而先生没。"④

当然，朱熹从学李侗期间对从龟山到延平的思想也不是毫无用力，在理性上，《中庸》未发之旨乃为学大要，这一点他并不怀疑。所以尽管延平生时他并未"尽心于此"，而有"未

① 《文集》卷四〇，《答何叔京》第二书。

② 《文集》卷四〇，《答何叔京》第四书。

③ 《文集》卷四三，《答林择之》。

④ 《文集》卷七五，《中和旧说序》。

达"之叹，而延平死后，在湖南学派的影响下，他用心参悟中和之说达四五年之久。只是，朱熹参悟中和之说的方向已与延平体验未发之说有异。绍兴三十一年朱熹与程允夫书说："往年误欲作文，近年颇觉非力所及，遂已罢去，不复留情其间，颇觉省事讲学。近见延平李先生，始略窥门户，而疾病乘之，未知终得从事于斯否耳。大抵此事以涵养本原为先，讲论经旨特以附此而已。向来泛滥出入，无所适从，名为学问而实何有，亦为可笑耳。"①的确，延平教导朱熹"于涵养处用力，正是学者之要"，但延平所说的"涵养"更特指包括夜气说在内的整个未发体验功夫。而朱熹在延平生时始终未提体验未发一事，他只是在一般的立场上了解"涵养"与"讲论"的关系。

三、洒落气象

罗从彦要李侗静中看喜怒哀乐未发时气象，这里的"气象"实即指在静坐中所达到的一种特殊的心灵经验，如"湛然虚明"等。李侗要朱熹存养夜气至"日月至焉"的气象，亦类似。而李侗所说"就喜怒哀乐未发之处存养至见此（肫肫其仁）气象"则更有一层意义。

"气象"在理学本指达到某种精神境界后在容貌词气等方

① 《文集》，《别集》卷三，《答程允夫》第四书。

面的外在表现。由于气象是某种内在精神的表现，在理学的讨论中常常把气象直接作为一个精神修养的重要课题。事实上，从杨时到李侗，"体验未发"的一个主要目的即是由之以达到某种气象和境界。李侗特别强调，未发的体验是与气象的洒落相联系的。

早在戊寅冬至前二日书中，李侗便令朱熹先"玩味颜子、子夏气象"，同年十一月十三日书论未接物时湛然虚明气象，且云："又见谕云'伊川所谓未有致知而不在敬者，考《大学》之序则不然，如夫子言非礼勿视听言动，伊川以为制之于外以养其中数处，盖皆各言其入道之序如此'。要之敬自在其中也，不必牵合贯穿为一说。又所谓'但敬而不明于理，则敬特出于勉强而无洒落自得之功，意不诚矣'，洒落自得气象地位甚高，恐前数说方是言学者下功处，不如此则失之矣。由此持守之久，渐渐融释，使之不见有制之于外，持敬之心，理与心为一，庶几洒落尔。"①己卯长至后三日书云："今学者之病，所患在于未有洒然冰释处。"②庚辰五月八日书："某晚景别无他，惟求道之心甚切，虽间能窥测一二，竟未有洒落处。"③

不错，李侗所说的"洒然""冰释"有时是指对义理的玩味至融会贯通、无所滞碍而言，但是并非如朱熹所强调的只有

---

① 《答问》戊寅十一月十三日书，绍兴二十八年，朱子二十九岁。

② 《答问》己卯长至后三日书，绍兴二十九年，朱子三十岁。

③ 《答问》庚辰五月八日书，绍兴三十年，朱子三十一岁。

此种意义。在李侗，尤以"洒落"为指有道气象：

> 尝爱黄鲁直作濂溪诗序云"春陵周茂叔，人品甚
> 高，胸中洒落，如光风霁月"，此句形容有道者气象
> 绝佳。胸中洒落即作为尽洒落矣。学者至此虽甚远，
> 然亦不可不常存此体段在胸中，庶几遇事廓然，于
> 道理少进。愿更存养如此……某尝谓遇事若能无毫
> 发固滞，便是洒落，即此心廓然大公，无彼己之偏
> 倚，庶几于理道一贯。若见事不彻，中心未免有偏
> 倚，即涉固滞，皆不可也。①

自从李侗拈出黄庭坚"胸中洒落，如光风霁月"，这句话
便成了此后理学形容"道学气象"的典范。这种对于洒落自得
气象的追求，溯其源，始于大程（颢），大程又得之于黄庭坚
所称之周敦颐。二程十四五时，其父令二人学于周敦颐，周
敦颐教二程"寻颜子仲尼乐处，所乐何事"②。程颢后来又见周
敦颐，尝言"自再见周茂叔后，吟风弄月以归，有吾与点也之
意"③。大程子提倡"仁者与天地万物为一体"，"仁者浑然与
物同体"④，又主张："天地之常，以其心普万物而无心；圣人
之常，以其情顺万物而无情。故君子之学，莫若廓然而大公，

---

① 《答问》庚辰五月八日书，绍兴三十年，朱子三十一岁。

② 《二程集》，中华标点本，《河南程氏遗书》（以下简称《遗书》）卷二上，一六页。

③ 《二程集》，《遗书》卷三，五三页。

④ 《二程集》，《遗书》卷二上，一五、一七页。

物来而顺应。"①大程子学问，最讲和乐自得之境。濂溪、明道虽未提"洒落"二字，然二者人品境界为廓然洒落，无可怀疑。事实上，"洒落"正是儒家思想体系中用以包容佛道超然自由境界的形式。

所以，李侗所说的气象和洒落就不限于内心经验和义理融会的意义了。延平自己亦言，"静处寻求"往往是在"每遇情意不可堪处"时用功。其辛巳上元日书说："昔尝得之师友绪余，以谓问学有未惬处只求诸心，若反身而诚，清通和乐之象见，即是自得处，更望勉力于此而已。"②这正是发明大程子"反身而诚，乃为大乐"之说，他所说就喜怒哀乐未发处存养至肫肫其仁气象"尽有地位"，与"洒落自得气象地位甚高"意义相同。李侗所追求的境界与功夫，表明他是程明道仁者之学的正传。李侗所说的"融释"也不是专指经书义理而言，而亦是无所勉强、不见有制于外的自然自得气象。如己卯长至后三日书所说："今学者之病，所患在于未有洒然冰释处，纵有力持守，不过苟免显然尤悔而已。"延平死前数月癸未五月书也说："近日涵养必见应事脱然处否？须就事兼体用下功夫，久久纯熟，可见浑然气象矣。"③都是以洒然融释指胸中与作为的自得气象。

从程颢开始，理学中一派在强调"体贴天理"的同时，也

---

① 《二程集》，《答横渠张子厚先生书》，四六〇页。
② 《答问》辛巳上元日书，绍兴三十一年，朱子三十二岁。
③ 《答问》癸未五月二十三日书，隆兴元年，朱子三十四岁。

强调心性修养中的"自然"，反对着力把持，要求从勉强而行更上一境界，特别提倡最高境界的洒落自得的性质。李侗的这些思想，显然不仅指心与理为一而后达到的不勉而中的境界，他尤注意那种洒落自得的精神气象。然而，终朱子一生，他始终对"洒落"不感兴趣，他在中年追寻未发的思考和所要达到的境界与李侗仍不同，而他晚年更对江西之学津津乐道于"与点""自得"表示反感，反复强调道德修养的严肃主义态度，警惕浪漫主义之"乐"淡化了道德理性的境界。所以，他总是把延平的体验未发仅仅说成是"体认天理"，把"洒落融释"仅仅说成是读解义理的脱然贯通，甚至声称"令胸中通透洒落"，"非延平先生本意"。

李侗论孟子养气说亦要朱熹认取"气象"，《延平答问》辛巳八月七日书：

> 先生曰："养气大概是要得心与气合。不然，心是心，气是气，不见所谓'集义'处，终不能合一也。元晦云'睟面盎背，便是塞乎天地气象'，与下云'亦沛然行其所无事'二处为得之，见得此理甚好。然心气合一之象，更用体察，令分晓路陌方是。某寻常觉得，于畔援歆羡之时未必皆是正理，亦心与气合，到此若仿佛有此气象，一差则所失多矣，岂所谓浩然之气耶？某窃谓孟子所谓养气者，自有一端绪，须从知言处养来乃不差。于知言处下功夫尽用熟也。

谢上蔡多谓'于田地上面下功夫',此知言之说,乃
田地也。先于此体认令精密,认取心与气合之时不
偏不倚气象是如何……"①

孟子本有"知言""养气""集义"等说,李侗指出,养气的
过程本质上是心气合一的过程,这里的心主要指精神的思维,
气则表征一定的心理与生理感受。理想的身心状态应当是以
心统气,由气养心,心气合一。但是心气合一并不是理想境
界的本质规定,只是理想境界所需的一种身心状态。从而,
心气合一本身并不表示道德理想或人格境界的真正实现,如
道教练气过程亦主心气合一,但这只表示身心血气流通的和
谐状态,并不代表理想境界与完整人格的全面实现。所以,
李侗强调,纯粹的心气合一并不是浩然之气,"浩然"所表示
的心气状态是以一定的道德观念为基础的。牢固的、坚定的
道德信念则不是仅凭心气合一所能获得的,而是由"知言"即
明晓义理等途径来保证的。他进一步指出,达到心与气合并
不难,重要的是要体验心与气合时的"不偏不倚气象",不偏
不倚显然是指"喜怒哀乐未发谓之中"的中,"不偏不倚气象"
即是"未发气象"。就是说,养气过程归根结底还要注意"验夫
喜怒哀乐未发之前气象",做功夫者要着力体验的并不是心气
合一的身心和谐,也不是静默无念的纯粹意识状态,而是一
种由《中庸》所规定的"不偏不倚"、无累无着的气象。有了这

---

① 《答问》辛巳八月七日书,绍兴三十一年,朱子三十二岁。

019

种体验为基础，才能"睟面盎背"，才能"沛然行其所无事"。

孟子之养气说本来与其"不动心"相联系，动心就是心理的稳定平衡受到破坏。李侗与朱熹书："承来谕，令表弟之去，反而思之，中心不能无愧悔之恨。自非有志于求仁，何以觉此！《语录》有云'罪己责躬不可无，然亦不可常留在心中为悔'，来谕云'悔吝已显然，如何便销陨得'。胸中若如此，即于道理有碍。有此气象，即道理进步不得矣，正不可不就此理会也。某窃以为，有失处，罪己责躬固不可无，然过此以往，又将奈何？常留胸中，却是积下一段私意也。"①胸中常留悔吝、忧虑、烦恼，即为动心，从程明道"情顺万物而无情"，到李侗"胸中洒落""遇事廓然""无毫发固滞"，乃至王阳明答陆澄忧子不堪之问②，理学中的这一派特别继承了从孟子到李翱的"不动心"传统，强调洒落无累的境界对于人之精神境界的意义。这也是李侗思想的一个重要特点。事实上李侗对未发之中的理解亦与此相关，"中心有偏倚即涉固滞"，便非廓然大公，而"不偏不倚气象"才是洒落气象。

四、境界与本体

从《延平答问》中李侗信中所引述的朱熹问来看，他对李侗的未发说、气象说都未予重视，他从一开始就是从本体论

---

① 《答问》癸未六月十四日书，隆兴元年，朱子三十四岁。

② 《阳明全书》卷一，《传习录》上。

方面来理解李侗的境界说和功夫论的。《延平答问》辛巳年
有书：

> 问："'太极动而生阳'，先生尝曰'此只是理，
> 作已发看不得'。熹疑既言'动而生阳'，即与复卦一
> 阳生而见天地之心何异？窃恐'动而生阳'即天地之
> 喜怒哀乐发处，于此即见天地之心。'二气交感、化
> 生万物'即人物之喜怒哀乐发处，于此即见人物之
> 心。如此做两节看，不知得否？"

> 先生曰："'太极动而生阳'，至理之源，只是动
> 静阖辟，至于终万物、始万物，亦只是此理一贯也。
> 到得'二气交感、化生万物'时，又就人物上推，亦
> 只是此理。《中庸》以喜怒哀乐未发已发言之，又就
> 人身上推寻，至于见得大本达道处，又浑同只是此
> 理。此理就人身上推寻，若不于未发已发处看，即
> 何缘知之？盖就天地之本原与人物上推来不得不异，
> 此所以于'动而生阳'难以为喜怒哀乐已发言之。"①

李侗在朱熹从学期间，授以《中庸》未发之旨，令静中体
验未发气象分明，但朱熹不能尽心于此，反以周敦颐《太极图
说》的本体论来解释《中庸》的已发未发说。照朱熹看来，重要
的并不是《中庸》未发已发的心性论意义，而是其本体论意义。

———————

① 《答问》辛巳二月二十四日书，绍兴三十一年，朱子三十二岁。

他把《太极图说》的"太极动而生阳"看成天地之喜怒哀乐已发，把"二气交感、化生万物"看成人与物之喜怒哀乐已发。在这个说法中，《中庸》的未发已发不只指人之性情而言，而且指宇宙大化的动静过程，"如此做两节看"。李侗对此指出，从万物一理的角度说，天地、人物及人之性情已发未发，受此统一的"天理"所支配，因为天理是宇宙万物的普遍性法则。而《中庸》的未发已发特指人之思维情感而言，是要由此引出一定的心性修养功夫以体认天理，其自身并没有本体论的意义。所以李侗在另一封信中也指出："某中间所举《中庸》终始之说，元晦以为'肫肫其仁，渊渊其渊，浩浩其天'即全体未发底道理，惟圣人尽心能然。若如此看，即于全体何处不是此气象，第恐无甚气味尔。某窃以为'肫肫其仁'以下三句，乃是体认到此，达天德之效处，就喜怒哀乐未发之处存养至见此气象，尽有地位也。"①针对朱熹总是从客观性和本体性即"理"的方面理解《中庸》之说，李侗指出，肫肫、渊渊、浩浩都是至诚境界的气象，是某种主体性体验的结果和表现。所以，"在天地只是理也"，谈不到未发已发，未发已发只是指"人身上推寻"而言，其中有天人主客的不同。《延平答问》又载壬午八月七日书：

> 问："熹昨妄谓仁之一字，乃人之所以为人而异
> 乎禽兽者，先生不以为然。熹因先生之言思之而得

----

① 《答问》辛巳十月十日书，绍兴三十一年，朱子三十二岁。

其说，敢复求正于左右。熹窃谓天地生物本乎一源，人与禽兽草木之生，莫不具有此理。其一体之中即无丝毫欠剩，其一气之运，亦无顷刻停息，所谓仁也。但气有清浊，故禀有偏正。惟人得其心，故能知其本具此理而存之，而见其为仁。物得其偏，故虽具此理而不自知，而无以见其为仁。然则仁之为仁，人与物不得不同；知人之为人而存之，人与物不得不异。故伊川夫子既言'理一分殊'，而龟山又有'知其理一''知其分殊'之说。而先生以为全在知字上着力，恐亦是此也，不知果是如此否？又详伊川之语推测之，窃谓'理一而分殊'，此一句言理之本然如此，全在性分之内本体未发时看。合而言之，则莫非此理，然其中无一物之不该，便自有许多差别，虽散殊错糅不可名状，而纤微之间，同异毕显，所谓'理一而分殊'也。'知其理一所以为仁，知其分殊所以为义'，此二句乃是于发用处该摄本体而言，因此端绪而下功夫以推寻之处也。盖'理一分殊'一句，正如孟子所云'必有事焉'之处；而下文两句，即其所以有事乎此之谓也。（朱子自注——先生抹出批云："恐不须引孟子说以证之，孟子之说若以微言，恐下功夫处落空，如释氏然。孟子之说亦无隐显精粗之间，今录谢上蔡一说于后，玩味之，即无时不是此理也。此说极有力。"）大抵仁字正是天地流动之机，以其包容和粹、涵育融漾，不可名貌，故特谓之仁。其中文理密察、各有定体处，便是义。只此二字，包括人道已尽。义固不能出于仁之外，仁亦不离乎义之内也。然则'理一而分殊'者，乃是本然之仁义，前此乃以从此推出分殊合宜处为义，失之远矣。又不知如此上所推测，又还是否，更乞指教。"

先生云：谢上蔡云："吾尝习忘以养生。"明道先生曰："施之养则可，于道则有害。习忘可以养生者，以其不留情也。学者则异于是，'必有事焉而正'何谓乎？且出入起居，宁无事者？正心待之，则先事而迎，忘则涉乎去念，助则近乎留情。故圣人心如鉴，所以异于释氏心也。"上蔡录明道此语于学者甚有力。盖寻常于静处体认下功夫，即于闹处使不着，盖不曾如此用力也。自非谢先生确实于日用下功夫，即恐明道此语亦未必引得出来，此语录所以极好玩索，近方看见如此意思显然。①

朱熹所问，本就"仁"的意义而言，因程颐、杨时论"理一分殊"时特与仁和义联系起来，故又转而论理一分殊之义。朱熹所论，即后来其哲学体系中常常论及的"理之同异偏全"的问题。其说以为，人与物同禀天地之理，无所不同。但人禀之

---

① 《答问》壬午八月七日书，绍兴三十二年，朱子三十三岁。

气清，所以能知其本具此理而存之；物禀之气浊，虽具此理而不知。同禀天地之理，无所不同，这是"理一"；所禀之气各异，而有自觉与不觉的不同，这是"分殊"。朱熹认为，程颐讲的"理一分殊"是指理之本然，而杨时对程颐思想的进一步发挥"知其理一所以为仁，知其分殊所以为义"则是就理之发用而言。发用是端绪，学之功夫即当由之推寻本体。由此可见，当时朱熹对"仁"的理解完全基于本体论的"体—用"模式，着重于宇宙本体和构成的分析。他的着眼点始终在天地之化与性理构成方面。颇有意味的是，对朱熹这一大套客观性建构的理论李侗并无反应，却在批答中大讲了一套由程明道与谢上蔡问答引发的主体性境界与功夫。这颇能表出李侗所欲以教授朱熹者和朱熹本人思想之取向的不同。习忘即修习"坐忘"，一种纯粹的静坐修持，其益处可以养生，因为习忘的结果是心中无事，忘人己，无内外，不会留情执着于任何事物，也就不会发生情感心理的烦扰和障碍。然而程明道指出，习忘以养生是有意义的，但这并不是学道的入手功夫和终极境界。学道人须如孟子所说"必有事焉"。人在人伦日用中生活，事事须奉行道德准则，修身以敬，这都不能仅以"无心忘之"的态度，而须以"正心待之"的态度去实践、去生活。同时，正如从程颢到李侗都重视的，道德实践的过程应当注意保持心境的平和，孟子说"心勿忘勿助长"，忘就是无念，助流于执着，都是不"自然"的。敬德与自然两者相结合，才是完满的境界。而这些思想在当时并未被朱熹所注意。

五、涵养与穷理

《延平答问》显示出，在朱熹从学延平期间，从一开始，他就对章句训诂有特殊兴趣。李侗说他"讲学极造其微处"，"渠所论难处，皆是操戈入室"，即指朱熹对理论辨析的用力。朱熹自己后来也承认，他在延平生时并未留意于未发体验和涵养气象："方窃好章句训诂之习，不得尽心于此。"李侗也看出朱熹的章句之好，他说朱熹"初讲学时颇为道理所缚"，即指朱熹注重概念义理名物的辨析，而忽略涵养和体验。

在这种差异的后面，反映了李侗与后来发展了的朱熹之间对一些重要问题认识的不同立场。如朱熹说："昔闻之师，以为当于未发已发之几默识而心契焉，然后文义事理触类可通，莫非此理之所出，不待区区求之章句训诂之间也。"① 由于朱熹赴任同安之后，听从延平之言，日读圣贤之书，加之生性喜好章句，故其与延平书每以经书义理为问。延平为引导朱熹从事未发体验，即以融通义理为说，告以求之未发默识，不必求之章句训诂，由此便可契识"此理"。而朱熹则误以为未发功夫只是为了读书有疑时所用，其功能亦只是静中触类旁通文义事理而已，完全未理会道南未发功夫所寻求的体验和境界。

————————

① 《文集》卷四〇，《答何叔京》第四书。

如果朱熹的复述无误，可以认为，李侗学问功夫反对用力于章句诵读，要求在静中体验未发，反映了他对"理"及"穷理"的基本思想与态度。如果说李侗反对或者不看重由读书以讲明义理这种后来朱熹最为注重的格物穷理方法，而是认为义理的通畅与获得只需依赖内向的未发体验，那就表示，李侗认为"理"是内在的，穷理不需向外求索，只需向内体验。

自然，像程明道所代表的追求与物同体的浑然气象及洒落自然的孔颜乐处，这种"为道"取向本来与"为学"不同，在功夫上必然注重内在体验而忽视甚至反对外在积累，从而与后来发展起的"心学"功夫合流。李侗的思想也表示，在对"理"的认识上和对待学问功夫的态度上，李侗确实显示出一些与从陆九渊到王阳明心学的共同点。当然，这不是说李侗在整体上已有陆王心学"心即是理""心外无理"的思想，因为李侗不仅重视内在体验，也提出重视分殊。但在某种意义上说，李侗学问思想确有所谓"心学"的倾向，虽然其出发点与后来的陆氏心学并不相同。

正是由于李侗思想的这种特质，所以他特别着力纠正朱熹的章句记诵倾向，他不仅特别强调与"章句"相对的"涵养"，且特别提出："学问之道不在多言，但默坐澄心、体认天理，若真有所见，虽一毫私欲之发，亦退听矣。"①又说："圣门之传是书，其所以开悟后学无遗策矣。然所谓喜怒哀乐未发谓

---

① 《答问》，《与刘平甫书》。

之中者，又一篇之指要也，若徒记诵而已，则亦奚以为哉？必也体之于身，实见是理，若颜子之叹，卓然见其为一物而不违乎心目之间也。"①"大率有疑处，须静坐体究"②。

所谓"默坐澄心、体认天理"，有两个方面的意义：首先，默坐澄心即指静中体验未发气象，体验那种浑然和乐、不偏不倚、无所固滞的气象，而不是仅去体认天理；其次，天理不在心外，人只需默坐澄心，反身而诚，便可识契此理。朱熹很少提及默坐澄心，而常常把李侗的整个学问宗旨归结为体认天理，因为"体认天理"说可以减弱杨时到李侗体验未发气象的直觉性体验，以避免神秘体验与浪漫境界。而即使是把李侗学问归结为体认天理，在朱熹也是在这样的意义上承认的：即未发时的默识是保证"文义事理触类可通"的主观条件，或是义理有疑不通时所运用来融释义理的方法，而"理"是可在心外的客观法则。从前引他与何叔京书所叙"昔闻之师"者可见，朱熹片面地，或者仅仅把未发之功限制在服务于读书讲明义理的主体修养，并主张向外穷理，从这里已经可以看到后来朱熹所确立的"主敬以立其本，穷理以进其知"的端绪。

按照朱熹后来的思想，以居敬穷理为宗旨，其中"主敬"包含的一个主要意义即未发时的主敬涵养。朱熹认为，未发时的涵养与穷理格物有密切关联，在这里，未发涵养的意义

①《文集》卷九七，《延平李先生行状》。
②《答问》，《与刘平甫书》。

并不是"用以验夫未发时气象",而是为了认识义理预先进行的一种主体修养,如说:"盖欲应事先须穷理,而欲穷理,又须养得心地本原虚静明彻。"①又说:"主敬之说,先贤之意盖以学者不知持守,身心散漫,无缘见得义理分明,故欲其先且习为端庄严肃,不至放肆怠堕,庶几心定理明耳。"②这是说,未发涵养的意义在于它为穷理准备了主体的条件,要穷得事物之理,就须使心能够安定集中,这就需要在未接物前有一种修养以保持心地的安定和清明。可见,这种未发涵养完全是为了理性地认识事物之理而确定,它自身并无独立的价值,也没有其他的体验功能。

从上述观点来看,可以了解,朱熹把李侗思想归结为默坐澄心而后义理可通、讲学有力,把洒落融释归结为存此于胸中而义理少进,把罗从彦、李侗的主静之学归结为义理有疑时的静坐融通,都是从他自己理性主义取向出发所做的调适。

据上所述,及前引朱熹答程允夫书所谓"大抵此事以涵养本原为先,讲论经旨特以附此而已"的说法,朱熹从学延平期间,对李侗的主要思想未予深究,而是由此把学问之道的要旨转化为一种一般的"涵养—讲论"的关系,他在当时也只是一般地承认涵养为本、讲论为辅的立场,并没有表示他也认同了李侗以未发默识天理而反对以讲论穷理的立场。

---

① 《文集》,《别集》卷三,《答彭子寿》。
② 《文集》卷五九,《答方子实》。

如朱熹自己所说及《答问》所显示的，从学延平时期的朱熹更为偏爱章句训诂的经典研究，他对涵养优先性的承认既非出于道德性的考虑也不是对内在体验的重视，他似乎更多的是从涵养对章句研习的积极意义来认识涵养的。在《延平答问》中，李侗总是以各种方式告诫朱熹要注重涵养，而朱熹总是请教李侗关于《语》《孟》解义方面的问题，后来的《朱子语类》中仍记录了许多朱熹回忆李侗解经的例子。这种涵养本原与章句解读的矛盾，亦即后来所谓"尊德性"和"道问学"的矛盾，始终是朱熹一生中的学问难题。朱熹从很早时候起就表现出对知识的积累和学习更为注意，即使是李侗也始终未能纠正他的章句之好。

　　以上所说，重在表达出朱熹与李侗之差异，并不是说李侗对于朱熹的意义是完全消极的。事实上，李侗具有的道南正统的身份一开始就受到朱熹的特别注意，也正是在李侗的引导下，他才摆脱了在儒与二氏之间徘徊的状态，立志归本伊洛之学，坚定了他的道学方向。只是，由于朱熹个性上对非理性体验的漠视和章句之好，以及过于年轻的朱熹对有道气象和境界缺乏体验，使得朱熹在道学内更为贴近的是小程的理性主义路线，而与李侗所传接的大程的直觉主义路线相隔膜。

　　所以，李侗虽未能使朱熹追随他从事未发体验，但他对朱熹的章句之好仍起了一种规范的作用，即通过把朱熹引入道学的语境而使其章句工作纳入程氏道学的轨道。在《延平答问》中我们可明显看到朱熹从生疏到熟悉、不断咀嚼道学话头的努力。隆兴元年癸未（一一六三年），在李侗病逝的同年，朱熹完成了他的首部章句著作《论语要义》，其书序云："熹年十三四时受二程先生论语于先君，未通大义而先君弃诸孤。中间历访师友，以为未足，于是乎遍求古今诸儒之说，合而编之，诵习既久，益以迷眩。晚亲有道，窃有所闻，然后知其穿凿支离者固无足取，至余或引据精密，或解析通明，非无一词一句之可观，顾其于圣人之微意，则非程氏之俦矣。隆兴改元，屏居无事，与同志一二人从事于此，慨然发愤，尽删余说，独取二先生及其门人朋友数家之说补辑订正以为一书。"①这里所谓"遍求""诵习"都是指同安悟异学之非以后反诸六经的实践。朱熹同安任中一意归本儒学，却仍未免于泛滥之习，直至《论语要义》时"尽删余说"，而独取程氏一派，表明李侗虽未能从根本上扭转朱熹的章句之好，但对朱熹的章句工作无论在方向上还是在内容上都产生了规范性的影响。

从《延平答问》来看，李侗与朱熹在讨论中涉及的北宋以来的著作有：胡文定（安国）《春秋解》、伊川《春秋传》、《横渠语解》、《二程语解》、上蔡《论语说》、《二程语录》、《遗书》、《二苏语孟》、《濂溪遗文》、《颍滨语孟》、吕与叔（大临）《中庸解》、《龟山语解》、《和靖语解》、胡明仲（宏）《论语解》、《太极图说》、《上蔡语录》、《通书》以及《二程文集》等。

---

① 《文集》卷七五，《论语要义目录序》。

除二苏外，两人讨论的经解完全在道学系统之内。这表明，李侗对朱熹的影响确实是重要的，正是李侗不仅使朱熹摒弃释老而归本儒学，而且又使朱熹的儒学视野集中于程氏道学。朱熹在李侗引导下发生的这一转变，不仅对于朱熹自己，而且对于整个宋代道学的发展都有着极为重要的意义。

当然，李侗对朱熹的这种影响并不是凭空建立的，而是以朱熹青少年时代受其父朱松及"三君子"崇尚伊洛之学的影响为基础的。只是"三君子"的影响限于对道学的一般倾慕，而未及深入确定于伊洛中某一特定传统之上。李侗则力图使朱熹专注于"道南"传统。这两种影响从朱熹早年对谢良佐和杨时的态度可以看得明白。朱熹早年所受程门影响，以上蔡谢氏为深，他在赴任同安之前曾用功读上蔡书，他晚年也说及："熹自少时妄意为学，即赖先生(上蔡)之言以发其趣。"①他在三十岁时校定的《上蔡语录》是他的第一个学术工作。在《上蔡语录后序》中他说谢上蔡"学于程夫子昆弟之门，笃志力行，于从游诸公间所见最为超越"②。而五年之后，朱熹则说："道丧千载，两程勃兴，有的其绪，龟山是承。"③一改为以杨龟山为二程正传，这显然是受作为龟山再传的李侗所影响，也表明朱熹已立志由道南直溯伊洛，担当起承继、发展道学的重任。所以，他在绍兴三十二年上孝宗封事中特别提出"故

① 《文集》卷八〇，《德安府应城县上蔡先生祠记》。
② 《文集》卷七五，《上蔡语录后序》。
③ 《文集》卷八七，《祭延平先生文》。

承议郎程颢与其弟崇政殿说书颐，近世大儒，实得孔孟以来不传之学"①。

六、理一分殊

第四节曾引壬午八月七日书，其中引述了朱熹论及"理一分殊"的一大段，其实，朱熹对"理一分殊"的讨论是受了李侗的提示和引导。朱子孙婿赵师夏（致道）《延平答问跋》云：

> 文公先生尝语师夏云："余之始学，亦务为笼统宏阔之言，好同而恶异，喜大而耻小，于延平之言则以为何为多事若是，天下之理一而已。心疑而不服。同安官余，以延平之言反复思之，始知其不我欺矣。盖延平之言曰：'吾儒之学所以异于异端者，理一分殊也。理不患其不一，所难者，分殊耳。'此其要也。"②

由此可知，朱熹见延平之初，是用"天下之理一而已"调和儒释，这显然是受了刘子翚"以儒佛合"的思想影响。而李侗用以引导朱熹辨别儒释的方式则是提起程门"理一分殊"的话头。《延平李先生行状》中朱子述李侗教人大旨亦云："若概

---

① 《文集》卷一一，《壬午封事》。
② 《延平答问跋》。

以理一而不察乎分殊，此学者所以流于疑似乱真之说而不自知也。"这也说明，李、朱授受之间对"理一分殊"的讨论首先是针对朱熹早年对儒释之辨缺乏深刻认识而发的。《朱子语类》录：

> 初见李先生时，说得无限道理，也曾去学禅。李先生云："汝恁地悬空理会得许多，而面前事却又理会不得。道亦无玄妙，只在日用间着实作功夫处理会，便自见得。"①

《延平答问》庚辰七月与朱熹书：

> 所云"见《语录》中有'仁者浑然与物同体'一句，即认得《西铭》意旨"，所见路脉甚正，宜以是推广求之。然要见一视同仁气象却不难，须是理会分殊，虽毫发不可失，方是儒者气象。②

"理一分殊"的提出本来是起因于杨时对《西铭》的怀疑。杨时怀疑张载《西铭》"乾称父，坤称母"的说法会流于墨氏兼爱之义，但他未能了解，孔孟的仁学本来与兼爱说有相通的一面，而程明道特倡"仁者以天地万物为一体""仁者浑然与物同体"的境界，强调仁学的境界就是要把自己和宇宙万物看成息息

---

① 《朱子语类》(以下简称《语类》)卷一〇四，董铢录。
② 《答问》庚辰七月书，绍兴三十年，朱子三十一岁。

相通的一个整体，从而把仁者的爱与关怀贯通到一切事物。所以程颐回答杨时说，《西铭》理一而分殊，有仁亦且有义；墨氏兼爱而无分，失于无义。在程颐这个"理一分殊"的说法中，实际上包含着对程颢"仁者浑然与物同体"说的某种修正，也就是说在一定程度上吸取了杨时的意见。李侗由罗仲素而来的"静中体验未发"得于杨时的正传，李侗晚年与朱熹的讨论中则提出，体认万物同体的仁学境界在某种意义上不如"理一分殊"更困难和更重要，这与"静中体验未发"的内向直觉体验的立场有所不同。然而，这一种重视分殊的思想，这种强调分殊更过于一视同仁的立场也正是龟山之学的固有立场。显然，在李侗看来，正如儒墨之辨一样，仅仅从"仁者浑然与物同体"方面来看，还难以把握儒学与佛教的真正界限，只有把"一视同仁"的境界落实到人伦日用的"分殊"上，才能显现出"吾儒"与"异端"的本质区别。因而，那种"悬空理会"的理一体认并不难，真正困难的是在"日用间着实作功夫处理会"。只有同时掌握了"理一"和"分殊"，才真正是儒者之学。

不过，正如前所说，朱熹这一时期所关怀的是本体论建构和理论的辨析，所以他最感兴趣的是如何以"理一分殊"来说明宇宙流行过程中天地万物性理的统一和差别。据壬午六月书，朱熹开始认为，"仁"是生生自然之机，人得之以为性，而与禽兽相区别，所以这个仁的性，犬牛禽兽"则不得与焉"。李侗则指出，仁是天地之理，所以从本原上说，万事万物俱有得乎此理此气，不能说"此理惟人得之"。人与禽兽的区别在于人所禀气中和秀灵，五常之理全备，而禽兽虽亦禀得此理，却是"得其偏而已"。这个说法即后来朱熹也常采用的理同气异说。朱熹接受了李侗的意见，重新加以考虑，其修正之说即见于第四节所引辛巳八月七日书①。朱熹的修正说与李侗亦不完全相同，在李侗，对理气禀受的偏正并未明确表述出来，朱熹则明白提出，天地万物本于一源，所以人与草木禽兽不仅都禀有此理，而且都禀得全体而无丝毫欠剩。这就是"理一"。但人禀气清，可自觉其具备此理而加以存养；物禀气浊，故虽全具此理而不自知，这就是"分殊"。理一可见人物之同，分殊可明人物之异。后来朱熹在《中庸或问》中所说："盖在天在人虽有性命之分，而其理则未尝不一，在人在物虽有气禀之异，而其理则未尝不同。"②都是发展了《延平答问》时期由李侗而来的思想。这样，以理一分殊的模式表述万物性理的统一性与差别性，使得理一分殊由原来单纯伦理学的讨论，扩展而为具有本体论与人性论的含义。朱熹在很长一段时期都是把注意力集中在"本体—人性"理论体系的建构上面。

从李侗的本意来说，他向朱熹强调理一分殊的重要，本来是出于明儒释之辨和引导青年朱熹在日用践履上下功夫。而从朱熹一生整个思想来看，李侗重视分殊更甚于理一的思

①　按此辛巳八月书(绍兴三十一年)乃承壬午六月书(绍兴三十二年)，故二书之年必有误，疑辛巳八月书本为壬午八月书，而壬午六月书本为辛巳六月书。

②　《中庸或问》卷一。

想，无疑是朱熹"格物穷理"方法论的一个来源。所以，朱熹注重从分殊入手的格物论是李延平重视分殊说的一个未预期的结果，对朱熹整个思想的展开有十分重要的意义。朱熹后来回忆说：

> 沈元用问尹和靖："伊川《易传》何处是切要？"尹云："体用一源，显微无间，此是最切要处。"后举以问李先生，先生曰："尹说固好，但须是看得六十四卦、三百八十四爻都有下落，方始说得此话。"①

李侗所答朱熹，也就是理一不难见，所难在分殊之意。切要处固然是"体"是"一"，然而"体"不离"用"与"殊"，必须在六十四卦、三百八十四爻上逐一理会、融会贯通，才是真正把握了一理，才算是体用一源。在《春秋》的研究上李侗的主张也是如此。朱熹后来说："《春秋》功夫未及下手，先生弃世，然尝闻其一二，以为《春秋》一事各是发明一例。"②《延平答问》辛巳二月二十四日书回答朱熹关于尹焞"性，一也"之问时，李侗也说："尹和靖之说虽浑全，然却似没话可说，学者无着力处。"③

可见，如果把注重分殊作为为学方法论来看，朱熹倡导的格物穷理方法，正是注重从具体的分殊的事物入手，认为

---

① 《语类》卷一一。
② 《文集》卷三九，《答柯国材》第二书。
③ 《答问》辛巳二月二十四日书，绍兴三十一年，朱子三十二岁。

经过对分殊的积累，自然会上升至对理一的把握。这些思想显然有着李侗的影响。把格物到致知规定为从分殊的具体上升到理一的普遍，正是朱熹对程颐"今日格一件、明日格一件，积习既多，脱然自有贯通处"的发展。朱熹的为学方法，主张由分殊而达一贯。他一生中多次表示，不应凭空理会玄妙道理，要做格物的踏实功夫。他说："圣人未尝言理一，多只言分殊。能于分殊中事事物物、头头项项上理会得其当然，方知理本一贯。不知万殊各有一理而徒言理一，不知理一在何处！"①"不是一本处难认，是万殊处难认"，"理虽只是一理，学者且要去万理中千头万绪都理会过，四面凑合来自见得是一理。不去理会那万理，只去理会那一理，只是空想象"。② 这些说法与李侗对他的教导完全一致。朱熹也以这个思想批评陆学："江西学者偏要说甚自得，说甚一贯……尝譬之，一便如一条索，那贯底物事，便如许多散钱。须是积得这许多散钱了，却将那一条索来一串穿，这便是贯。若陆氏之学，只是要寻这一条索，却不知道都无可得穿。"③可见，朱熹特别注意吸取了李侗注重分殊的精神，并由此与程颐的格物穷理说结合在一起，从而演出了他自己从分殊上升到理一的理性主义的宝塔式结构。在关于认识从个别、特殊上升到普遍这一点上，朱熹更超过了李侗。

---

① 《语类》卷二七。
② 《语类》卷一一七。
③ 《语类》卷二七。

《延平答问》反映的李侗与朱熹思想的交往表明，李侗对青年朱熹曾有很大影响，其中最主要的是把朱熹引入道学系统的轨道。但朱熹在道学系统内的发展方向却与李侗不同，这种不同植根于朱熹特殊个性的某种要求和倾向，李侗也无力从根本上加以扭转。李侗与朱熹的不同，亦即是大程与小程的不同，朱熹在李侗死后完全转向小程的立场，使得宋代乃至整个宋明理学的面貌与特质发生了极大的改观。

在二程之间，大程子倡导自然和乐的境界，重视仁者与物同体的内向体验；小程子则严毅谨肃，以敬为宗旨，主张读书应事、格物穷理。程门之下高弟并出，但南渡以后，道南一派蔚成大宗。杨时发展了大程重视内向体验的思想，借助小程讨论过的《中庸》未发之义，力倡静中体验未发的宗旨。这一派经过罗从彦到李侗，发展为以静为宗的学派，注重直觉主义的内在体验，成了南宋初道学的主导。李侗学问气象与大程子十分相近，为学主静坐体认，推称洒落气象。朱熹早年学于李侗，从根本上奠定了他向道学发展的基础。但朱熹生性偏向理性主义，排拒内向体验特别是神秘体验，所以他并不像李侗追随罗从彦那样承继道南传统去静坐体验未发，他也未深入领会李侗由未发功夫所欲达到的洒落境界和有道气象。他完全从理性主义的立场上理解李侗所欲教授给他的东西，如把体验未发看成体认客观的天理，把洒落气象归结为对文句义理的融会贯通，把默坐澄心的养心功夫仅仅看成为了体会文义而进行的主体修养，并把已发未发、理一分殊都作为本体论的命题来对待。朱熹在延平死后五年彻底转向程颐的理性主义轨道，以主敬立其本，以穷理进其知，其端绪在从学延平时已充分显露。朱熹的出现，一改道南传统的主静、内向和体验色彩，使得道学在南宋发生了理性主义的转向，从此小程的影响在道学内上升为主导。朱子理性主义哲学的庞大体系和巨大影响，不仅改变了道学发展的方向，而且对此后中国文化的发展产生了不可估量的影响。而李侗、朱熹授受之际正是理解这一转向的原初契机。

（原载《中国传统文化的再诠释》，北京大学出版社，一九九三年）

朱熹淳熙初年的心说之辩

朱熹一生之中，学术论辩甚多，如乾道二年及乾道五年与张栻的两次中和之辩，乾道八年、九年与张栻的仁说之辩，历来被视为朱熹思想发展的重要里程碑。淳熙二年在鹅湖与陆九渊的支离易简之辩、淳熙十一年至十三年与陈亮的王霸义利之辩，都是南宋学术史上的重要事件。即使是充满意气冲突的淳熙十五年、十六年与林栗、陆九渊的西铭、太极之辩，也未尝不含有学术的意义。对此，同时学者有颇不以为然者，如陈傅良绍熙初曾致朱子书说："念长者前有长乐之争，后有临川之辩，他如永康往还，动数千言，更相切磋，未见其益。而学者转相夸毗，浸失本旨，刻画太精，颇伤简易。"①长乐指林栗，临川指陆九渊，永康指陈亮，以朱子好辩而无益，而朱子则以为："犹恨其言之未尽，不足以畅彼此之

---

① 《朱子年谱》卷四上，绍熙辛亥与陈君举论学条。

怀，合同异之趣，而不敢以为悔也。"①平心说来，朱子平生的论辩，除晚年与林栗、陆九渊外，都是相当严肃认真的学术讨论，不论对他自己还是对当时的思想学术的活跃，都有重要的意义。

淳熙初年，朱熹与同时学者吕祖俭(字子约)、石𡐤(字子重)、方士繇(字伯谟)、吴翌(字晦叔)、游九言(字诚之)、何镐(字叔京)等人以书札往来，辨析"心"之学说，是朱子生平中一次引人注目的学术讨论。由于讨论涉及的问题比较复杂，其年代又不易确定，故以往研究只注意前后中和之辩、仁说之辩等，而未见有学者注意此辩。我在《朱熹哲学研究》一书中曾略提及，在《朱子书信编年考证》中也曾对此辩前后时间加以考定，但都未及详述。本文将详细叙述这一辩论之始末，并借此讨论朱熹哲学中对"心"的看法。②

一、寂感

淳熙元年(一一七四年)甲午，吕子约曾有问目卷子寄呈朱熹，其最后一问为：

> "出入无时，莫知其乡"，只是大概言人之心如

---

① 《文集》卷三八，《答陈君举》。

② 关于心说之辩的年代，除在必要处加以说明外，皆请参考《朱子书信编年考证》(上海人民出版社，一九八九年三月)淳熙元年甲午一节。又，为方便论述及与朱子往来书札相协调，此处于论辩诸儒皆以姓字称之。

是，甚言此心无时不感而不可以不操也，不操则感动于不善而失其本心矣。虽曰"失其本心"，而感处即心也，故程子曰"感乃心也"。而程子答"心有亡否"之问，又曰"才主着事时（先生以目视地）便在这里，才过了便不见"。又云"心岂有出入"，亦以操舍而言。盖寂然常感者，心之本体。惟其操舍之不常，故其出入之无止耳。惟其常操而存，则动无不善，而瞬息顷刻之间，亦无不在也。颜氏之子三月不违，其余则日月至焉，以此心之常感而易危之故也。①

孟子曾引孔子语："操则存，舍则亡，出入无时，莫知其乡。"②道学的创始人程氏兄弟对此曾有讨论，据载：

> 范淳夫之女读《孟子》"出入无时，莫知其乡，惟心之谓欤"，语人曰："孟子不识心，心岂有出入？"先生闻之曰："此女不识孟子，却能识心。"③

据《外书》此卷前后所录，此段中所录的"先生"当为程颐（伊川），但《外书》另卷则载此语为程颢（明道）："明道先生曰：'操则存，舍则亡，出入无时'，非圣人之言也，心安得有出

①　《文集》卷四七，《答吕子约》第十书。
②　《孟子·告子上》。此四句后尚有"惟心之谓欤"一句，但此一句是否孔子之语，诸说不同。
③　《二程集》，中华书局，一九八一年七月，《河南程氏外书》（以下简称《外书》）一一、四一五页。

入乎?"①《二程遗书》亦记伊川与门人问答:

> 问:"'舍则亡',心有亡,何也?"曰:"否,此
> 只是说心无形体。才主着事时(先生以目视地)便在
> 这里,才过了便不见。如'出入无时,莫知其乡',
> 此句亦需要人理会,心岂有出入?亦以操舍而言也,
> '放心',谓心本善,而流于不善,是放也。"②

由此可知,吕子约问目正是感于程伊川论心之说而发。"寂"
"感"的说法出自《易·系辞》"寂然不动,感而遂通天下之
故",以寂感论心,始自中唐李翱。北宋儒学继其后,二程
都把"寂感"从描述宇宙过程的范畴发展为意识活动的规定,
以描述意识主体与外部现象相互作用的关系。所以吕子约把
心的"出入"与"寂感"相联系,从道学的发展来看是很自
然的。

"寂"表示思维、意识的相对静止,"感"表示思维、意识
的明显活动。吕子约认为,所谓"出入无时"是指意识总是处
于有所活动的状态,就心的本来特质而言,其感应活动总是
善的,故称为"本心"。但在实际上,如果主体缺少自觉的
"操"的功夫,意识活动就会经常流于不善,这叫作"失其本
心"。吕子约在这里没有说明"操"的具体内容③,按照二程的

----

① 《外书》卷一二,四二五页。
② 《二程集》,《遗书》卷一八,二〇八页。
③ "此之谓失其本心""求其放心",皆见《孟子·告子上》。

说法，操就是指以"敬"为内容的自觉规范①。吕子约还认为，当意识活动感于不善的时候，这种"感"仍然是心，只是这种感应之心已经不是孟子所说的"本心"了。吕子约的上述说法多本于孟子、二程，朱熹也是赞同的，但吕子约进而提出，心是无时不感的，不断活动着的，而"心之本体"是寂然无出入的，心的出入无时是操的功夫不能持久造成的结果。这些说法涉及的"心之本体"的问题，朱熹的看法与吕氏不同，朱熹批其问目说：

> 寂然常感者，固心之本体也。然存者，此心之存也；亡者，此心之亡也。非操舍存亡之外别有心之本体也。然亦不须甚说到此，只到朱勾处便可且住也。②

朱熹与吕子约在心说上的不同看法主要是对于"心之本体"的观念的理解。"心之本体"或"本心"在哲学上是指意识的本来状态、本来面貌、本来特质。同时，魏晋隋唐至宋代哲学里面，"本体"亦常与"发用"相对，在这个意义的使用上，"发用"是现象层次的东西，"本体"则是现象背后代表本质的东西，"本体"是现象背后的本源性实体。由于这种本体—发用的思想模式，"心之本体"往往容易被理解为与意识活动不同

---

① 《二程集》，《遗书》卷一五，录伊川语"操之之道，敬以直内也"，一五一页。
② 《文集》卷四七，《答吕子约》第十书。

层次的东西，意识活动是感应不已的，心之本体则是寂然不动的。从认识论意义上说，本心表示不由经验获得的一种先验的道德理性，孟子以后的心学反复强调道德意识是人心的本来状态。

在吕子约的提法中，"出入无时"指感应之心，即经验意识活动，在感应之心之外另有一个寂然无出入的本体之心。朱熹则反对把心之本体理解为与现象的、经验的意识不同层次的东西。他认为，"心"只是指经验意识层次的心，不能说在经验意识之外另有一个不同层次的本心。所谓本心或心之本体并不是隐蔽不发的东西，就是指经验意识的合理状态，当意识自觉地主敬而使其活动保持于善，这种状态就是心之本体(的表现)。所以他强调心之本体就是感应之心的合道德状态，"然存者，此心之存也""非操舍存亡之外别有心之本体也"。

朱熹在吕子约卷子上的批语比较简要，从后来的书信往来可知，吕子约就此作了一篇专门讨论这一问题的《心说》寄示朱熹，并对朱子批语中的一些提法提出若干疑问。吕子约《心说》今已不存，据朱熹与其书，其中由孔子论心四句，讨论了心无形体、寂然本体、操存察识等问题。朱熹得其《心说》书后即作答云：

> 所示心无形体之说，鄙意正谓如此，不谓贤者
> 之偶同也。然所谓"寂然之本体，殊未明白"之云者，

此则未然。盖操之而存，则只此便是本体，不待别求。惟其操之久而且熟，自然安于义理而不妄动，则所谓寂然者当不待察识而自呈露矣。今乃欲于此顷刻之存，遽加察识，以求其寂然者，则吾恐夫寂然之体未必可识，而所谓察识者，乃所以速其迁动而流于纷扰急迫之中也。程夫子所说"才思便是已发"，"故涵养于未发之前则可，而求中于未发之前则不可"，亦是此意。然心一而已，所谓操而存者，岂以此一物操彼一物，如斗者之相猝而不相舍哉！亦曰"主一无适"，非礼不动，则中有主而心自存耳。①

吕子约对朱熹前书中"寂然常感者，固心之本体也……非操舍存亡之外别有心之本体也"的说法有所未明，他理解为，如果本体不是另一层次的东西，而呈露于意识活动之中，那就应用湖南学派的"察识"方法在意识活动中辨察寻找这个本心。②而在朱熹看来，把意识状态保持为诚敬专一，不使走作，这种状态就是寂然之本体的呈露，因而既不能说超越意识活动之外另有心之本体，也不需要在意识活动时察识寻找心之本体，人的道德意识状态就是本体的呈露。针对察识的问题，

---

① 《文集》卷四七，《答吕子约》第十三书。
② 请参看拙著《朱熹哲学研究》（中国社会科学出版社，一九八八年四月）第二部分第一章之第二节。

朱熹强调了他的己丑之悟以后反察识的一贯立场，认为在修养功夫上，心体是通过平时操存涵养而自然呈露于意识状态，并不是靠察识去求得的，察识在这里是完全不必要的。他特别引用程颐关于未发的说法，即人之本心要通过涵养来使之呈露，而不是用思辨去"求"得的。朱熹后来在答石子重书中也重申了这一点：

> 心说甚善，但恐更须收敛造约为佳耳。以心使心，所疑亦善。盖程子之善亦谓自作主宰，不使其散漫走作耳。如孟子云"操则存"、云"求放心"，皆是此类，岂以此使彼之谓邪？但今人着个察识字，便有个寻求捕捉之意，与圣贤所云操存主宰之味不同。此毫厘间须看得破，不尔则流于释氏之说矣，如胡氏之书未免此弊也。昨日得叔京书，论此殊未快，答之如此，别纸求教。①

这也表明，由吕子约引发的心说之辩，对于朱熹和其他学者来说，都不仅只有心性理论的意义，也关联着为学功夫的实践。朱熹指出，所谓"操""存"绝不意味着人有两个心，用一个去宰制另一个，操存的实践意义只是指"主一无适""有主则实"②，即使意识集中为一种诚敬的状态。朱熹很明显的是用

---

① 《文集》卷四二，《答石子重》第四书。
② "主一无适"见《遗书》卷一五，"有主则实"见《遗书》卷一，分别见《二程集》一四三、一四八页。

程颐的主敬思想来解释孟子的操存之说。朱熹始终认为，"心，一也"，心只是指经验的意识和知觉，因而反对把本然之心与感应之心截然两分，反对在意识活动中去查找另一个心。

二、操舍

前节所引朱子答石子重书表明，心说之辩已不限于朱吕二人，同时学者多有参加。吕子约得朱子第二书后又以书来论此，朱子再答其书说：

> 向示《心说》，初看颇合鄙意，细观乃复有疑。亦尝窃与朋友论之，而未及奉报。今得所论，益知向所疑者之不谬也。盖操舍存亡虽是"人心"之危，然只操之而存则道心之微便不外此。今必谓此四句非论"人心"，乃是直指"动静无端、无方无体之妙"，则失之矣。又谓"荒忽流转，不知所止，虽非本心而可见心体之无滞"，此亦非也。若心体本来只合如此，则又何恶其不知所止，而必曰"主敬以止之"欤？近与一朋友论此，录以奉呈，幸试思之，复以见告。昨日得钦夫书亦论此，于鄙意尚有未尽者，异时相见面论之，笔札不能记其曲折也。①

---

① 《文集》卷四七，《答吕子约》第十六书。

据此可知，朱熹得吕子约《心说》后，即公诸友人共同讨论，据后来朱熹再答吕子约书"操舍存亡之说，诸人皆谓人心私欲之为"的说法，参与讨论的其他学者都提出了"人心"①的问题。《尚书·大禹谟》有"人心惟危，道心惟微"的说法，这些学者认为《孟子》中的"操舍存亡"是指"人心"而不是指"道心"而言。吕子约不赞成这个思想，他认为孟子所引孔子论心的四句并不是指"人心"而言，而是指心体之妙。就是说，其他学者把操舍存亡看成"惟危"的"人心"，含有否定性的看法，而吕子约则认为这四句直指心体之妙②，把操舍存亡都做了肯定。朱熹在这封信里对其他学者以操舍存亡皆为人心的说法未表示异议，他只强调，如果存亡出入都是"惟危"的"人心"，那就不能把存亡出入的意识现象都看成心之妙用，因为吕子约所用的"妙用"不仅指功能的不测，亦指价值的合当。朱熹还指出，虽然操舍存亡皆"人心之危"，但与"人心"相对的"道心"并不在存亡出入的心之外独立存在，正如他在前封信中所说，操而存者便是心之本体，操而存者即是"道心之微"。他认为，吕子约始终把流转出入的感应之心与"本心"或"心之本体"割裂了。

由于当时学者在评论吕子约《心说》时把"存亡出入"都看成"人心"，朱熹在开始时也曾接受了这一说法，他在与张栻（钦夫）信中也谈到这一点：

① 《文集》卷四七，《答吕子约》第十七书。
② 《朱子后答吴晦叔书》指出吕子约以操存舍亡皆为心体之流行。

熹谓存亡出入固人心也，而惟微之本体亦未尝加益；虽舍而亡，然未尝少损；虽曰"出入无时"，未尝不卓然乎日用之间而不可掩也。若于此识得，则道心之微初不外此，不识则人心而已矣。盖人心固异道心，又不可作两物看，不可于两处求也。①

由于显然不能把存亡出入之心都看作"道心"，所以朱熹暂时承认了存亡出入皆为"人心"的看法。不过这样一来对朱熹便产生了一些问题，如果人心是出入无时变动不居的，而道心是不随人心出入而有所损益的，二者就成了不同层次的两截。尽管朱熹仍然强调"道心"呈露于日用之间，而不外乎人心，但对他一贯强调的道心即意识活动之合理状态的思想毕竟有所损害。

程伊川曾明确说孟子所引四句"只是说心无形体"②，故朱熹对吕子约《心说》中心无形体说表示赞同，而对吕氏关于心之本体的说法有所不满。他将吕氏《心说》出示给论学诸友，以求讨论，据后来他答吴晦叔书，首先对吕氏《心说》做出评论的是石子重、方伯谟。朱熹答石子重书：

按孔子言"操则存，舍则亡，出入无时，莫知其

---

① 《文集》卷三二，《答张钦夫》第三十九书。
② 《二程集》，《遗书》卷一八，二〇七页。

053

乡"四句，而以"惟心之谓欤"一句结之，正是直指心之体用，而言其周流变化、神明不测之妙也。若谓"以其舍之而亡致得如此走作"，则是孔子所以言心体者，乃只说是心之病矣。圣人立言命物之意恐不如此。兼"出入"两字有善有恶，不可皆谓舍之而亡之所致也。又如所谓"心之本体不可以存亡言"，此亦未安。盖若所操而存者初非本体，则不知所存者果为何物，而又何必以其存为哉？但子约谓"当其存时未及察识而已迁动"，此则存之未熟而遽欲察识之过也，昨报其书尝极论之。今录求教，其余则彼得之已多，不必别下语矣。因此偶记胡文定公所谓"不起不灭心之体，方起方灭心之用，能常操而存，则虽一日之间百起百灭，而心固自若"者，自是好语。但读者当知所谓不起不灭者，非是块然不动、无所知觉也。但此心莹然，全无私意，是则寂然不动之本体。其顺理而起，顺理而灭，斯乃所以感而遂通天下之故者云尔。向来于此未明，反疑其言之太过，自今观之，却是自家看得有病，非立言者之失也。①

在这封信里，朱熹明确区分了出与入、操存与舍亡。他指出，存、亡、出、入虽然都是心的周流变化，但出是恶，入是善，出是舍亡所致，入是操存而然，所以石子重将存亡出入都归

① 《文集》卷四二，《答石子重》第三书。

结为"舍则亡"的结果是不恰当的。朱熹还认为，如果孔子这四句都是讲舍之而亡，那就等于说孔子这几句只是讲了人心之病，这与孟子引用孔子语全面描述心的体用是不一致的。

朱熹特别讨论了石氏"心之本体不可以存亡言"的说法。吕子约本来就有"心无时不感，心之本体寂然"的观点，朱熹从一开始就指出操而存者即是心之本体，不要在理论上把感应之心与心之本体割裂，不要在实践上到感应出入之心以外去寻找心之本体。意念活动时起时伏，有生有灭，这是心之用；但孔孟所说的"存""亡"并不是指一般意念活动的起伏生灭，存是指道德意识的存，亡是指道德意识的亡，所以这里的存亡就不能理解为仅仅是心之用，存亡出入包含着心之本体的呈露或蔽藏。

与答石子重同时，淳熙元年夏朱熹与方伯谟书亦对此加以讨论：

> 所喻心说似未安，盖孔子说此四句，而以"惟心之谓欤"结之，不应如此着力却只形容得一个不好底心也。来书所说自相矛盾处亦多，可更详之。①

方伯谟与石子重一样，也是把"存亡出入"都看成道德意识的丧失（不好底心）状态，受到了朱熹同样的批评。方说今亦不

① 《文集》卷四四，《答方伯谟》第六书。

存，但朱熹同时答吴晦叔书中对此有所述及：

> 《孟子》"操舍"一章，正为警悟学者，使之体察
> 常操而存之。吕子约云"因操舍以明其难存而易放"，
> 固也。而又指此以为心体之流行，则非矣。今石子
> 重、方伯谟取以评之，大意良是，但伯谟以为此乃
> "人心惟危"，又似未然。人心，私欲耳，岂孟子所
> 欲操存哉？又不可不辩也。①

朱熹在这里指出，在理解操舍存亡的问题上出现了两种倾向，
一种是方伯谟所主张的，以"操则存，舍则亡，出入无时，莫
知其乡"皆为"人心惟危"。对此朱熹指出，"操则存"是孔孟论
心的肯定语态，把操而存者和舍而亡者都归属为"人心"，等
于说孟子要修持保养"人心"，这是不对的。另一种是反对以
孔子四句都属于"人心"，而又把四句都看成心之本体的表现，
正如在答吕子约书曾指出的一样，这也是不正确的②。孔孟论
心四句指出道心难存而易放，于此可以见人心之危，但并不
是以操舍存亡皆为"人心"，朱熹在前此答吕子约、张钦夫书
中对此未加辩明，而至此始明确反对把存亡出入都视作私欲
的"人心"，他指出，孟子肯定操存，反对舍亡，操存者即是
道心，舍亡者才是人心。

---

① 《文集》卷四四，《答吴晦叔》第十二书。
② 朱子《答吕子约》第十六书言吕子约以四句指人心，乃直指心体之妙，朱子非之。

朱熹在答湖南学者游诚之书中再次申明了他对孔子四句宗旨的看法：

> 心体固本静，然亦不能不动；其用固本善，然亦能流而入于不善。夫其动而流于不善者，固不可谓心体之本然，然亦不可不谓之心也。但其诱于物而然耳。故先圣只说"操则存"（存则静，而其动也无不善矣）、"舍则亡"（出者亡也，入者存也，本无一定之时，亦无一定之处，特系于人之操舍如何耳），只此四句说得心之体用、始终、真妄、邪正，无所不备。又见得此心不操即舍，不出即入，别无闲处可安顿之意。若如所论，出入有时者为心之正，然则孔子所谓出入无时者乃心之病矣。不应即以"惟心之谓欤"一句直指而总结之也。所答石吕二书写呈，但子约书中语尚有病，当时不暇仔细剖析，明者择焉可也。①

朱熹在答吕子约第十六及答张钦夫第三十九书中曾未加考虑地承认了以操舍存亡、出入无时皆为"人心"的提法，针对游诚之以"出入无时"仅指心之病的提法，朱熹在这里再次明确提出，存亡出入是兼心之体用、善恶而言，其中存者静、舍者动、入者善、出者恶，不能把存亡出入都视为不善的"人

---

① 《文集》卷四五，《答游诚之》第三书。

心"，否则"道心"无法安顿。他说先时答吕子约书中"语尚有病"当即指往时未能在存亡出入之间区别人心道心。他在后来另一封答友人书中也谈到，答游诚之一书中所论"方稍稳当"[①]，才比较稳妥地确立了他的全部立场。

三、真妄

朱熹在评判衡量了各个学者的心说得失后，给吕子约写了最后一封论心说书，其中说：

> 操舍存亡之说，诸人皆谓人心私欲之为，乃舍之而亡所致，却不知所谓存者亦操此而已矣。子约又谓存亡出入皆神明不测之妙，而于其间区别真妄又不分明。两者胥失之。要之存亡出入固皆神明不测之所为，而其真妄邪正始终动静，又不可不辩耳。[②]

朱熹指出，关于操舍存亡之说的讨论，一方面，石子重、方伯谟等人都认为存亡出入者属于人心，即属于私欲；另一方面，吕子约则认为存亡出入者都是心之妙用而加以肯定。朱熹批评前一种说法指出，如果把存入者与出亡者同视为人心

---

① 《文集》卷四○，《答何叔京》第二十五书。
② 《文集》卷四七，《答吕子约》第十七书。

之危，以为都是舍之而亡造成的，那就把孟子企图肯定和企图否定的东西混为一谈了。他批评后一种看法指出，存亡出入虽然都是心，但其中存入为真为正，出亡为妄为邪，不加分别，同样是把肯定的东西与否定的东西混为一谈。

朱熹答何叔京书进一步说明了上述立场：

> 伏蒙示及心说，甚善。然恐有所未尽，盖入而存者即是真心，出而亡者亦此真心为物诱而然耳。今以存亡出入皆为物诱所致，则是所存之外别有真心，而于孔子之言乃不及之，何耶？子重所论病亦如此，而子约又欲并其出而亡者不分真妄皆为神明不测之妙，二者胥失之。熹向答二公有所未尽，后来答游诚之一段方稍稳当。今谨录呈，幸乞指诲。然心之体用始终，虽有真妄邪正之分，其实莫非神明不测之妙；虽皆神明不测之妙，其真妄邪正又不可不分耳。①

朱熹强调，可以认为孔子论心四句"操则存，舍则亡，出入无时，莫知其乡"是描述心之神明的不测之妙，但这里所说的不测之妙是指心的变化功能而言。就意识活动的内容和性质来说，这些不测之妙的意识活动中有真妄邪正之分。"操"而使真心存而不出，为真为正；"舍"而致真心为物诱放失而亡，

---

① 《文集》卷四〇，《答何叔京》第二十五书。

为妄为邪。因而，把存入状态与舍亡状态都看成心体的妙用而不加区分，或把二者都看成物诱的结果，同样是错误的。吕子约心说失于把存亡出入都说成心体妙用而统加肯定，何叔京、方伯谟等则失于把存亡出入都解释为与道心对立的人心而统加否定。朱熹还指出，把存亡出入都当作舍之而亡的人心，势必导致在操存之外去寻找真心，事实上意识的操而存的状态就是真心，这个真心并不在意识活动之后、之外，它就呈露于神明不测的意识活动中，而又须与意识活动的邪妄者区分开来。

朱熹在另一封与何叔京书中继续讨论了这个问题：

> 心说已喻，但所谓"圣人之心如明镜止水，天理纯全"者，即是存处，但圣人则不操而常存耳。众人则操而存之，方其存时亦是如此，但不操则不存耳。存者道心也，亡者人心也。心一也，非是实有此二心，各为一物，不相交涉也。但以存亡而异其名耳。方其亡也，固非心之本然；亦不可谓别是一个有存亡出入之心，却待反本还原，别求一个无存亡出入之心来换却。只是此心，但不存便亡，不亡便存，中间无空隙处。所以学者必汲汲于操存，而虽舜禹之间亦以精一为戒也。①

① 《文集》卷四〇，《答何叔京》第二十六书。

这是说，圣人不需要进行操持的努力即能常常保有道德意识状态，而常人则必须进行操持的努力才能使道德意识状态存而不失，常人经过操持而呈现的道德意识与圣人不勉而能的道德意识状态是相同的，在性质上同属道心。朱熹反对把意识系统和状态理解为两种不同的心的相互斗争，他认为意识状态在任何特定时间中总是单一的，而不是包含着对立的。意识活动处于道德状态下即是"道心"，处于非道德状态下便为"人心"，非此即彼，非彼即此，意识总是处于这两种状态之中的一种，并不断交替变化。朱熹否认存在着一个无存亡无出入的心之本体，在他的理解中，心之本体就是指操之而存的意识状态。

四、心体

在叙述了心说之辩的始末之后，我们来总的讨论一下心说之辩所显示的朱熹关于心的理论，并借此了解理学中程朱派与心学的不同立场。

在朱熹与吕子约等人的反复论辩中，最根本的问题可以说就是关于"心之本体"的问题。吕子约把感应之心与寂然心体相区别；石子重认为心有存亡而心之本体不可言存亡；游诚之认为心动而流于不善，心体则静无不善；何叔京认为存亡出入之心外另有真心等。这些提法体现了一个共同的思想模式，即魏晋以来的体用模式：把事物分为内在与外在两个不同层次。

这种体用观认为事物具有一种"本体—发用"的结构，"发用"是外在现象，"本体"则是决定发用而隐藏在发用之后秘而不现的内在实体。佛教的心性论进一步发展了这种思想模式，禅宗主张"不生不灭，湛然常寂，此是本心形相也"[①]，心念的生灭属于现象，本心则是现象之后的本体，而且，这里的"本心"或"本体"具有本来状态、本来特质的含义。朱熹答石子重书所引的胡安国(文定)"方起方灭心之用，不起不灭心之体"正是移用了佛教心性观的表达方式。心之起灭与心体常寂的区分是佛教特别是禅宗的基本立场，禅宗所推崇的理想境界并不是取消一切意识活动，禅宗追求的"静""定""寂"并不是指对境心不起，而是指心境在任何意识状态下都能保持安宁与平和。

在这个意义上，意识的活动是"方起方灭心之用"，心境的持久安宁是"不起不灭心之体"。从哲学上看，这种观念认为心有出入、生灭、感应、流转，变化莫测；而心之本体则无出入、无起灭、无感应流转，寂然不动。用《周易》的语言来表述，心之本体是"寂然不动"的，心则是"感而遂通(天下之故)"的。这样一种体用观与心性观，对唐宋以后的儒家学者影响极大。在心说之辩中作为朱熹对立面的学者无不受此种思想的影响。在这种观念中，意识活动的心与心之本体是

---

① 引自《中国佛教思想资料选编》第二卷第四册，《大珠禅师语录》卷上，一七六页。

两个不同层次的东西，意识活动是"动"，是表现着的(已发)；心之本体是"静"，是自身不表现的(未发)，它只通过现象来显示其某种作用，心之本体的特质才是人心真正的具有本源性的特质。知觉感应之心与心之本体的这种区分很像康德(Kant)根据"本体"(Noumenon)与"现相"(Phänomenon)的区分所理解的"意志"(Wille)与"意念"(Willkür)的分别①；由于"本体"具有本来状态、本来特质的意义，所以这种区分也就是荒木见悟所说的"本来性"与"现实性"的区别。

在朱熹哲学中，也承认意识活动有其内在根据，就是说，如果意识活动是"用"，那么也有决定意识活动的"体"，这个体就是"性"，而不是什么"本心"。因而事实上在朱熹哲学的结构中并不需要"本心"这一类概念。这并不是说朱熹把其他学者称为"本心"的东西称作"性"，也不是说其他学者把朱熹称为"性"的东西称作"本心"。因为，"本心"无论作为心的理想状态还是本然状态，都仍具有心的特质；而"性"则只是一个标志意识系统本质的范畴，无论如何也不能被赋予任何心的功能。

在朱熹哲学中，"本体"与"发用"、本体与事相、本来性与现实性的分析只适用于性与情之间，一般来说，朱熹是尽量避免把这种分析引入"心"的规定，这样就使朱熹关于心的理论具有以下特点：

---

① 《鹅湖学志》第三期，康德之说参看李明辉《孟子的四端之心与康德的道德情感》，一九八九年，李先生译"Noumenon"为"理体"。

"心"只是一个现实的、经验意识的概念，只是一个感应知觉之心，在经验意识与现实知觉之外、之后不存在其他作为本体的心，在变化出入的心之外不存在其他不起不灭的心。

意识活动有善有恶，意识状态有静有动。由于朱熹反对在本体(Noumenon)的意义上使用心之本体(心体)的概念，因而他所说的心体与心之本体实际上是作为静的意识状态来理解的。就是说，心(意识状态)有不同的时态，思虑未萌、未接外物时的意识状态为静；既接外物、思虑已萌时的意识状态为动。用朱熹的另一种方式区分，前者为未发时心，后者为已发时心。这里"未发"与"已发"的区分不是指前述那种本体—现象的内外体用关系，而是一种前后源流的关系，是意识过程不同阶段的呈现而已。① 质言之，朱熹所说的"心体"指未发时心，它与已发时心并不是不同层次的东西，而是同一层次上不同时态的表现而已。

朱熹在答石子重书中说："但此心莹然，全无私意，是则寂然不动之本体。其顺理而起，顺理而灭，斯乃所以感而遂通天下之故者云尔。"顺理而起灭指心之已发，即意识的活动状态。莹然即透彻光明，正是指心之未发，即意识的相对静止状态。他答游诚之书说："心体固本静，然亦不能不动；其用固本善，然亦能流而入于不善。夫其动而流于不善者，固不可谓心体之本然，然亦不可不谓之心也。"这里的"心体本

---

① 这种分别可以参看我对阳明哲学中未发已发的分析，见拙著《有无之境——王阳明哲学的精神》第四章，人民出版社，一九九一年三月，六八页。

静"也是指未发时心而言，所以朱熹在心说之辩中所不得不使用的"心之本体"都不是指意识结构的内在实体，而是指意识过程的原始状态。

正是由于朱熹反对把心之本体理解为意识中的另一实体，所以他才不厌其烦地强调操而存者即是本体，即是真心，反对在操存舍亡的意识过程之外去寻找本体。正是由于他所理解的心体与感应知觉之心是同一层次的东西，而不是不同层次的东西，所以他强调"心一也"，主张道德意识状态即是心体的呈露。也正是由于在朱熹哲学中操存者代表的道德意识状态和舍亡者代表的非道德意识状态都是同一层次的"心"，是同一个心，所以在朱熹哲学的立场上断不能讲"心即是理"。相反，他始终强调"感乃心"，"动而流于不善……亦不可不谓之心"，出者为心，入者亦为心；存者是心，亡者亦是心。如果提倡"心即是理"，在朱子学看来，必然会产生出者、亡者、妄者、邪者是不是心的问题。朱熹这种以"心"为意识的立场，与心学要求设定纯粹主体、设定意识现象之后的心之本体的立场是不同的。在朱熹哲学中，体用的分析用之于心性系统，表现为"心之体为性，心之用为情""性发为情""情根于性"的界定，而拒绝把"心"分为本体的心与发用的心，像佛教或心学所做的那样。朱熹的这种立场很大程度上是为了警惕佛教的影响。

心说之辩中表现的朱熹的心性学说，至少对于他自己的思想发展来说，标志着进入了一个更成熟的阶段。盖自乾道己丑以后，经历已发未发之辩与仁说之辩，朱熹心性学说的基本构架已基本确立，心说之辩则给他提供了一个对待"心之本体"的明确立场，并由此发展了他关于道心人心的看法。心说之辩第二年的鹅湖之会揭开了南宋学术史新的一页，了解了朱熹心说之辩稳定确立的关于"心"的立场，可以知道，他自鹅湖起对"心即理"说的反对，并不是鹅湖不欢而散的结果，恰恰是他自干道己丑以来已形成的思想体系使然。与后来《朱子语类》中对问题讨论的分散记录不同，心说之辩中朱熹的思想，见之于可靠的笔札文字，我们可以在他反复强调的东西中把握其立场，是一个难得的个案分析的素材。

（原载《国际朱子学会议论文集》，台湾"中研院"中国文哲所，一九九三年）

王阳明哲学的心物论

事实上，阳明哲学在论及"心外无理"的问题时，不仅涉及心与理的定义及其相互关系，也常常同时涉及心与物、心与事的相互关系。我们已经看到，阳明在申发心外无理的原理时，总是同时宣称"天下又有心外之事、心外之理乎"，"心外无物，心外无理，心外无义，心外无善"，"心外无理，心外无事，心外无学"。与心理关系一样，心物问题也是阳明哲学中格物理论的基本前提，它与体系中其他部分密切关联，具有重要的意义。

一、心与意

　　阳明早年提出"身之主宰便是心，心之所发便是意。意之本体便是知，意之所在便是物"①。在心、意、知、物四个范畴中，竟有三个范畴需要通过"意"来界定，这表明"意"在阳明哲学中有较为重要的地位。理清"意"的意义及心与意的关系，能够帮助我们理解阳明学"心外无物"思想的内在理路和哲学含义。

在朱子哲学中，应用于经验意识的有心、情、意、志等几个范畴。人之意识、念虑、情感在朱子统称"知觉"。按照朱子哲学的规定，知觉之合于道德法则者为"道心"，与道德法则相冲突的意识则为"人欲"。在这些地方，心显然是指已发之心，即现成的、经验的意识。情有"四端"，相当于道心；情又有"七情"，其合于理义而中和者可促进道德性的实现，过或不及则亦属于"人欲"。"情"实际上也是属于"已发"的范畴。意与一般情感念虑不同，一方面意是心之运用，与情同属于已发，"意是心之运用也"，"情亦是发处"，"运用是发了"；另一方面，情与意的分别在于"情是性之发，情是发出恁地，意是主张要恁地。如爱那物是情，所以去爱那物是意，情如舟车，意如人去使那舟车一般"②。"情是会做底，意是去百般计较做底，意因有是情而后用"③，又说"性是不动，情是动处，意则有主向"④，"心者一身之主宰，意者心之所发，情

① 《王文成公全书》（四部丛刊本，以下简称《全书》）一，《传习录》上，三八页。
② 《语类》五，九八页。
③ 《语类》五，九六页。
④ 《语类》五，九六页。

者心之所动，志者心之所之"①。根据这些说法，情、意、志虽然均属已发之心，但其中有所分别，情是自然流出的思维念虑；而意则是有较强意向的心理范畴，故说"意是主张要恁地""意则有主向"；志则是指意志，比意来得更强些，故说"志刚而意柔""志是公然主张要做底事"。②

由于江右以前，"诚意"是阳明讲学的宗旨，他把诚意看成《大学》八条目的核心，所以特别重视和突出"意"这一范畴，他对意的看法是与他对整个《大学》八条目相互关系的看法相联系着的。同时在对"心""意"的解释方面也受到朱子的极大影响，如阳明亦多用"心之发""心之动"说明"意"。他说："主于身也谓之心，心之发也遇父便谓之孝"③，"至善也者心之本体也，动而后有不善，而本体之知未尝不知也，意者其动也"④，"心之发动处谓之意"⑤，"以其主宰之发动而谓之意"⑥。

阳明哲学中的"意"，如果笼统地说，主要指意识或意念，但其间又有不同，如"其虚灵明觉之良知应感而动者谓之意"⑦，感若指外感，则这里的意便是指作为知觉主体对于外

①　《语类》五，九六页。

②　《语类》五，九六页。

③　《全书》一，《传习录》上，四二页。

④　《全书》七，《大学古本序》，一二八页。

⑤　《全书》三，《传习录》上，七三页。

⑥　《全书》二，《与罗整庵少宰》，六六页。

⑦　《全书》二，《答顾东桥书》，五五页。

部刺激所做的反应的感觉意念。至于"意在于事亲""意在于治民"，则不是对某一外感所做的直接反应，而是作为内在欲求的另一种意念。"吾心发一念孝亲，即孝亲便是物"，这里的念即是意，意与念是相通的。阳明还认为："意欲温凊、意欲奉养者所谓意也，而未可谓之诚意"①，意作为意欲，这里主要是指某种实践的意向，一种主动的、积极的、要求有所作为的意，正如朱子所说"欲有所营为谋度皆意也"②。阳明所说"夫人必有欲食之心然后知食，欲食之心即是意"，"必有欲行之心然后知路，欲行之心即是意"③，以及阳明常说的"意在于为善""意在于去恶"。这里的意都是意欲，表示一种行为的意向。

本心是本体，纯善无恶；意念、意欲、意识则是现象，是有善有恶的。"凡应物起念处皆谓之意，意则有是非，能知得意之是非者则谓之良知"④，"如今要正心，本体上如何用得功？必就心之发动处方可着力也，心之发动不能无不善，故须就此着力，便是在诚意"⑤。所以，凡心有所发，即一切意识活动，都是意。这样，由于阳明哲学中"心"指本体之心，即纯粹自我，而"意"是一个经验意识的范畴，故心与意的区别近于康德哲学中作为纯粹实践理性的意志与意念（Wille 与

① 《全书》二，《答顾东桥书》，五六页。
② 《语类》五，九六页。
③ 《全书》二，《答顾东桥书》，五三页。
④ 《全书》六，《答魏师说》，一一八页。
⑤ 《全书》三，《传习录》下，八三页。

Willkür)之间的区别。在晚期阳明思想中，人的意识结构中最重要的是两部分，即良知与意念。意念包括思维与情感，有是非，有善恶；良知则是人的更深一层的自我，又表现为判断意念善恶的能力。良知虽能判断是非善恶，但良知不能保证不善的意念不产生，也不能先验地保证人只遵从良知的呼唤和指引，因而良知既是积极的，又是消极的。这个意义的良知是阳明哲学的基本用法。阳明有时也把良知说成一种应物的能觉，这显然是因为阳明后来常用良知代替心的概念，并不表示他对良知的看法不确定。

二、意与事

现在让我们正式转到心外无物的问题上来。概括地说，阳明之提出或建立"心外无物"的原理是通过三个环节作为中介的：一是以物指事；二是从心上说事，即从主体方面定义事；三是通过意与物的关系建构起心外无物的心物论。

《传习录》徐爱所录：

> 爱曰："昨闻先生之教，亦影影见得功夫须是如此，今闻此说，益无可疑。爱昨晓思格物的物字即是事字，皆从心上说。"先生曰："然。身之主宰便是心，心之所发便是意。意之本体便是知，意之所在便是物，如意在于事亲即事亲便是一物，意在于事

君即事君便为一物，意在于仁民爱物即仁民爱物便是一物，意在于视听言动即视听言动便是一物。所以某说无心外之理，无心外之物。"①

为了理解这一段话的意义，首先应注意思想资料的来源。朱熹说过："心，主宰之谓也"，"意是心之所发"②，因此阳明所说"身之主宰便是心，心之所发便是意"，与朱子哲学中对心、意的定义并无根本区别。"身之主宰便是心，心之所发便是意。意之本体便是知，意之所在便是物"，这是把心、意、知、物作为一个纵向联结的结构加以界说。心—意—知—物的次序无疑来自《大学》的正心、诚意、致知、格物。由此可见，这四句话及其所要表达的思想是面对《大学》提出的基本问题及宋代哲学对于这些问题的解释，并且把《大学》中作为功夫条目的正心、诚意、致知、格物还原到心、意、知、物的基本概念层次上。比照晚年天泉证道的"四句教"，这里的四句话不谈教法，只论概念，可以称为"四句理"。后来的"四句教"也是以《大学》的心、意、知、物的结构为基础，兼论功夫，把本体、功夫一齐收摄。四句教因面对本体与功夫的定位，原未涉及基本范畴的界说，可以认为在基本范畴方面四句教仍以四句理为基础。四句理，虽然我们将在后面看到它与阳明当时的功夫论有直接关联，但它没有涉及本体和功夫

---

① 《全书》一，《传习录》上，三八页。
② 《语类》五，九四一—九五页。

的问题，只是基本范畴的界说和联结。

四句理中最重要的是后两句，因为前两句与朱子学无根本区别，后两句才代表了阳明哲学的睿识。

"四句理"为徐爱壬申前后所闻，后来陆澄亦录："问身之主为心，心之灵明是知，知之发动是意，意之所着为物，是如此否？先生曰：亦是。"①陆澄对"四句理"大概亦有所闻，故质于阳明。较之徐爱所录四句，陆澄所述似略有偏差，这就是，《大学》铺陈本是先意后知，而陆说则先知后意。他说"心之灵明为知"在某一意义上虽无不可，但与作为本体的良知有所不同。"知之发动是意"也似有未明之处，比较恰当的应说心之发动是意。后来阳明答陈九川问也说："物在外，如何与身心知是一件？先生曰：……指心之发动处谓之意，指意之灵明处谓之知，指意之涉着处谓之物，只是一件。意未有悬空的，心着事物。"②

阳明晚年《答顾东桥书》中说："心者身之主也，而心之虚灵明觉即所谓本然之良知也，其虚灵明觉之良知应感而动者谓之意，有知而后有意，无知则无意矣，知非意之体乎？意之所用必有其物，物即事也。如意用于事亲即事亲为一物，意用于治民即治民为一物，意用于读书即读书为一物，意用于听讼即听讼为一物，凡意之所用无有无物者，有是意即有

---

① 《全书》一，《传习录》上，四五页。

② 《全书》三，《传习录》下，七三页。

是物，无是意即无是物，物非意之用乎？"①在顾东桥致阳明书中，曾对阳明"知者意之体，物者意之用"的说法提出质疑，在此以前罗钦顺也曾表示不赞成阳明"物者意之用"的思想。据顾、罗二人的说法，"知者意之体，物者意之用"是阳明戊寅所刻的《大学古本旁释》中的话，今存函海本《大学古本旁释》亦作"心者身之主，意者心之发，知者意之体，物者意之用"。根据这点，四句理也可以表述为《大学古本旁释》的四句，但很明显，"知者意之体"并不能明确把"意之本体"的意义充分表达出来，而"物者意之用"更无法表达出"意之所在"的含义。因而在讨论四句理方面，《传习录》徐爱所录应被考虑为标准的表达形式。

从实质上说，四句理中最重要的一句，与心物关系有直接关系并最能代表阳明思想特色的，可以说就是"意之所在便是物"（爱录），或"意之所着为物"（澄录）、"意之涉着处谓之物"（九川录）。"意之所在便是物"是要为"物"下一个定义，首先须注意，照阳明与徐爱整个问答特别是徐爱"物字即是事字"的说法，这里的"物"并不是泛指山川草木等物，而是指"事"。就是说，至少"意之所在便是物"在其初提出来的时候主要是指意之所在便是"事"。心外无物，也应当在这个意义上来了解。正如徐爱所说，这个定义本质上是"从心上说物"。上述四句理的立场阳明至晚年并未改变，如《大学问》中仍然

①《全书》二，《答顾东桥书》，五五页。

坚持"致知必在于格物，物者事也，凡意之所发，必有其事，意之所在之事谓之物"①。

就"意之所在便是物"来说，意指意识、意向、意念。意之所在指意向对象、意识对象。这里的"物"主要是指"事"，即构成人类社会实践的政治活动、道德活动、教育活动等。这个命题表示，意识必然有其对象，意识是对对象的意识，"意未有悬空的"。而事物只有在与意识、意向相关的结构中才能被定义。"从心上说"表明，事物作为人的意向结构的一个极，是不可能脱离主体的，正如我们日常生活中看到的，一切活动(事)都是意识参与的活动，在这个意义上，离开主体的事物是不存在的，即"心外无物"。在阳明这个定义中，作为意之所在的"物"显然包括两种，既包括意所指向的实在之物或意识已投入其中的现实活动，也可以包括仅作为意识之中的对象的意之所在。

根据以上讨论可知，"意之所在便是物"正是阳明哲学"心外无物"的具体内涵，徐爱所录一条"如意在于事亲即事亲便是一物，意在于事君即事君便是一物，意在于仁民爱物即仁民爱物便是一物，意在于视听言动即视听言动便是一物。所以某说无心外之理，无心外之物"，将此意表达得十分清楚。陆澄亦录："心外无物，如吾心发一念孝亲，即孝亲便是物。"②由此我们才能把握住阳明"心外无物"说的逻辑线索。

---

① 《全书》二六，三七四页。
② 《全书》一，《传习录》上，四五页。

可见，正如阳明自己反复申明的，"心外无物"的本来意义是指"意之所在便是物"，如意在于事亲事君，事亲事君便是一物，这样一来，使得他哲学中的心物问题在相当程度上体现为意与物的关系问题。如果我们不拘泥于事、物、意的分殊，仅就其哲学含蕴而言，"意之所在便是物"显然是一个接近于现象学（Phenomenology）的命题，而他的心物理论也同现象学的意向性理论颇有相同之处。

意在阳明哲学的这种地位，使得我们有理由把阳明哲学与胡塞尔（Husserl）及现象学的意向性（intentionality）理论做一对照。在胡塞尔的老师布伦塔诺（Brentano）那里已经提出，一方面意向活动必然与某个对象有关，但此对象可以是非存在（如圆方魔妖），故意向活动具有内向性特点。另一方面，由意向性的观念，可以把心理现象定义为通过意向途径把对象包括在自身中的现象。① 继承了布伦塔诺"每一种意识都是关于对象的意识"②，胡塞尔也主张，意向的本质在于"在意向中有对象被意指，被作为目标"③；萨特在《存在与虚无》中也强调了胡塞尔关于"一切意识都是对某物的意识"的思想④，用心学的语言来说，也就是"意之所在便是物"，"意之所用无有无物者"。

---

① 参看刘放桐等：《现代西方哲学》，人民出版社，一九八一年，五二二页。
② 施太格缪勒：《当代哲学主流》，商务印书馆，一九八六年，四三页。
③ 施太格缪勒：《当代哲学主流》，商务印书馆，一九八六年，九九页。
④ 让·保罗·萨特：《存在与虚无》，三联书店，一九八七年，一九页。

胡塞尔引进"noema"表示意向的对象，"noesis"表示意向行为，"意向对象"是意向构造的对象极，"意向行为"则是主体这一边。胡塞尔现象学中，"意向性"是一个核心概念，在意向性结构中意识活动与意识对象的关系是"原则同格"的关系，意识活动"构成"意识对象，意识对象是自我意向作用设立的。意识作用与意识对象互相联结，不可分割，意识的对象是在意向的参与下成其为对象的，意向内容作为意识对象，既有客观性，又是思维现象的一个方面，而具有主观性。内在于现象学的立场，意向性观念提供了内外联结的桥梁，在意向性结构中，主体与客体、心与物的对立被打破，而由意向性为二者建立起不可分割的关联。

如前所说，阳明哲学中的物主要指事，同时，在"意之所在便是物"中他并未规定物（事）一定是客观的、外在的、现成的，因而与布伦塔诺及胡塞尔一样，这个意之所在可以是"存在的"，也可是"非存在的"，既可以是实物，也可以是意识之流的对象极。阳明只是强调"意"一定有其对象，有其内容，至于对象是否实在并不重要，因为他所强调的是意向行为本身。正如湛若水与阳明辩论"物"的问题时所指出的，阳明"意之所在便是物"的命题，根本上是要把物归结为意念，只有把格物的"物"归结为"意念"，才可能把"格物"解释为"正心之不正以归于心"。物由阳明这样一规定，正如黑格尔评论洛克（Locke）及贝克莱（Berkeley）一样，就不再是自在的，而是为它即为意识存在的，其根据便在主体之中了。

从上述观点了解或诠释阳明心外无物的哲学，就"意之所在便是物"来说，它表示：意具有一种对对象的指向性质，物只是作为意的对象才有意义。因而须把物纳入意识结构来定义，是意构成了事物的意义（理），事物的秩序来自构成它的意。在这个意义上，阳明可以发展出一套现象学的伦理学。由于意念是决定事物道德性的根源，事物的理必须由善的"意"赋予它，因而意是"构成"事物的要素，物不过是意的结果。在这里，意向对象是否实在，意向是否已对象化都是不重要的，重要的是意向行为本身，因为意向行为本身决定着作为对象的物的性质。换言之，对于阳明的目的而言，物不是主要指现实的东西，而是指意向之物，由此最终回到"意向的道德性"（康德）上来，为阳明的格心说提供理论基础。"意在于孝亲即孝亲为一物"，孝亲这个"物"既可以指已经实现的活动或正在实现的活动，也可以仅指意念内容，即呈现在意识中的"意向客体"，这样，"有是意即有是物""无是意即无是物"，以及"心外无物"都是可以被理解的了。

在理解阳明心外无物说的问题上，最重要的一点是，我们必须了解阳明提出这一原理的目的是什么，他在内心所面对的和要解决的问题是什么，用他自己的语言来说，须辨明其"立言宗旨"，才能在揭示这一命题的具体的理论侧面时，不致迷失它的主要意向。这个作为宗旨的目的就是：所有对于"物"的解释都是针对着自青年时代以来便一直困扰着阳明的"格物"的问题，他从来没有打算抽象地、孤立地讨论心物关系，他的一切努力都是为了论证格物不可离心这一心学的基本立场，在理论的组织、建构方面，某种意向性原则无疑对他帮助甚大。

最后，应当指出，我不认为现象学的意向性学说是理解阳明心物理论最恰当的方法（我只是想表示，现象学的一些理论可以使我们进一步挖掘阳明哲学中丰富的可诠释性），更不意味着王阳明与胡塞尔关于意识及对象的理论是等同的，事实上在两人之间有着相当大的差异和距离。

三、心与物

通过以上讨论，我们已经了解，阳明心外无物的命题，在把物限定为实践活动的"事"的范围内，以及把"心外无×"的语言结构理解为"没有脱离心的×"的意义内，是可以得到理解的。但是正如在心外无理问题上形式与内容存在某种不协调一样，除了上节讨论的意向性问题之外，心外无物这一命题至少在形式上还容纳了许多其他的内容，对这些问题的进一步检讨便是本节的任务。

正如上节所看到的，尽管阳明曾肯定，心外无物的"物"是指事而言，但他始终没有明确地把实在的客观物体（如山川草木）排除在心外无物这个命题的适用范围之外，而正如心外无理中理的用法通常含有定理、分理一样，物的通常意义也包括山川草木甚至人，这使得阳明心外无物的理论必然会面对外界事物的客观实在性的挑战。

也就是说，在意之所在便是物的问题上，如果我们超出现象学的理解，就会提出另一些问题：我们现在知觉到某物，但此某物在未被意识所指向，即未被"意之所在"时，此某物是否是"物"，是否存在？"意之所在便是物"中的"意"是个体的意识还是人类集体的意识？从这些问题来考察心外无物说，不可避免地与贝克莱的"存在即是被感知"发生交涉。

贝克莱把人的意识分为不同种类，特别是区分了"感觉观念"和"想象观念"，感觉观念一般被认为是由心外之物通过感官印入人心的，是心外之物所引起的，而贝克莱从唯心主义经验论出发，否认感觉是由外界物质性存在所引起的，提出存在即是被感知的原则。他认为人只能感知感觉，此外别无所知，一般人所说的物质实体，不过是被感知的一组感觉的集合。贝克莱还明确说明他所讲的心不是某个特殊的心，而是"所有人的心"，因此可感物并不忽生忽灭，一方面甲的知觉间断时还有乙的知觉在运作，一方面有限心灵的知觉并不是可感物连续存在的最终保证，这个最终保证只能是作为无限心的上帝。

就形式而言，贝克莱的思想也可以叫作"心外无物"，"存在即是被感知"与"意之所在便是物"也存在着某种类似。我们知道，意识或感知作为行为与所意识、所感知的东西是不同的，外在对象如山河草木自然地真正地存在着，与它被知觉的情况不同，贝克莱则反对把知觉与知觉对象分开。罗素

（Russell）指出，如果某物是感觉对象，当然一定有某个心和它有关系，但是这并不能证明此物不作为感觉对象时，本来就不存在，逻辑上不能证明这一点。[①] 照贝克莱的立场，意之所在也只是观念、感觉，所以贝克莱与阳明还是有所不同的。阳明所说的意一般来说只是指个体自我的意识，这与贝克莱预设的上帝的观念更有距离。一般说来，对于日月星辰山川人物，阳明是承认其独立的实在性的。

事实上，正如上节所说，心外无物的提出，对阳明来说，本来与贝克莱与胡塞尔不同，并不是面对外在的客观物体，而是着眼于实践意向对于"事"的构成作用，因而心外无物本来与那种认为个体意识之外什么都不存在的思想不相干，至少对于一个儒家学者，绝不可能认为父母在逻辑上后于我的意识而存在，也更不可能认为我的"意之所在"不在父母时父母便不存在。然而，心外无物这一命题的形式本身超出了阳明应用这一命题的特殊意旨。阳明又没有选择其他的命题，由此产生出像"山中观花"一类问题，这对阳明几乎是不可避免的。既然传统限制了他严格选择命题形式以表达思想，他也要为此付出代价。如果说他不能完满地回答关于外界事物独立于人的意识的客观实在性问题，在很大程度上也是因为他本来不是面对这一问题的。

《传习录》下：

---

① 罗素：《西方哲学史》下卷，商务印书馆，一九八一年，一八七页。

先生游南镇，一友指岩中花树问曰："天下无心
外之物，如此花树在深山中自开自落，于我心亦何
相关？"先生曰："你未看此花时，此花与汝心同归于
寂。你来看此花时，则此花颜色一时明白起来，便
知此花不在你心外。"①

经验告诉我们，此山中之花即使无人看它，它也自开自落，
其自开自落不以我们的"意之所在"与否为转移。未看花时，
即意之未在，来看花时，即意之所在于花。阳明在这里不说
无是意即无是花，只是说"此花与汝心同归于寂"。寂对感而
言，如说"应感而动者谓之意"，心未为花所感时未动此意，
但心不可谓之无；花未进入知觉结构，在意象上处于"寂"的
状态，但不等于花的不存在。阳明既然没有对"自开自落"提
出异议，表明他所说的不是指自开自落的存有问题。

　　对山中观花的一个可能的诠释是，如果物是指事，心外
无物的重点在于心外无事，则山中观花树的答问不适用于花
树，而适用于"观花""看花"。意之所在于花，即"看花"为一
物。未看花时，意未着于花，"看花"之物也就不在；来看花
时，意着于花上，"看花"之物即成现实之有，故此一物（看
花）不在心外，即不能脱离主体的参与。另一种诠释也是可能
的。如胡塞尔说："花的'显现'，并不是作为实在的内在的组

① 《全书》三，《传习录》下，七九页。

成部分，而是在自我意识中，观念地作为意向的某物、呈现的某物，或者等值地陈述就是作为自在意识的内在的'对象意义'，意识的对象，即在流动过程中与'自身'同一的对象，并不是来自过程之外的，相反地，它是作为一种意义被包括在主观过程自身之中，因而作为由意识的综合所产生的'意向的结果'。"①综合即构成作用，这是说，作为意向对象的花的显现，并不是实在对象，而是意向构成作用产生的一个结果，叶朗主编的《现代美学体系》从审美体验与审美意象的同一肯定了阳明这个观花问答："客体的显现(象)总是与对客体的意向密切相关的"，"由于我的投射或投入，审美对象朗然显现，是我产生了它，但是另一方面，从我产生的东西也产生了我"，"从美学的角度，我们很欣赏王阳明这里说的话：'你未看此花时，此花与汝心同归于寂。你来看此花时，则此花颜色一时明白起来'，这句话可以用来作为对于审美体验的意向性的一种形象的描绘"。② 这种对心学命题在审美经验方面的诠释性的探讨是值得注意的，这种从现象学的美学出发的诠释，与我们从现象学意向性理论诠释心外无事的哲学，殊途而同归。

在心外无物问题上，另一段难以处理的思想材料是："天没有我的灵明，谁去仰他高？地没有我的灵明，谁去俯他深？鬼神没有我的灵明，谁去辨他吉凶灾祥？天地鬼神万物离却

---

① 引自张宪：《论胡塞尔现象学的本质科学》，《现代外国哲学》第四辑。

② 叶朗主编：《现代美学体系》，北京大学出版社，一九八八年，五六六页。

我的灵明便没有天地鬼神万物了……又问：天地鬼神千古见在，何没有我的灵明便俱无了？曰：今看死的人，他这些精灵游散了，他的天地万物尚在何处？"①与观花一样，仰高、俯深都是包含审美体验在内的体验性活动，而不是一种纯粹认知的态度。从审美经验的角度来看，作为审美意象的天高、地深离开了主体就无法构成，没有人的意识，天还谈得上什么崇高和伟大呢？

如果不拘于审美意识与对象的关系，而从作为意识对象的"意义"着眼，阳明讨论和关注的显然不是那个山河大地的实然世界，而是与主体活动相关的意义世界，他并不认定没有人的意识，山河大地星辰日月便不复存在，他并不直接否定天地的这种存有意义上的"千古见在"，而只是问"今看死的人……他的天地万物尚在何处？"

这样，我们就来到了胡塞尔的另一重要观念"生活世界"，即"他的天地万物"可以被理解为近于胡塞尔哲学晚期提出的"生活世界"，即作为生活主体的个人在其特殊视界中所经验的世界。胡塞尔说："这个世界对于我不仅是作为一个事实与事件的世界，而且同时是作为一个价值世界、实物世界、实用世界而存在的，我可以不再费力地发现我面前的事物既有符合于它们实证的本然性质，又有美与丑、愉快或讨厌、快乐与忧愁等价值特点。"②听了一堂令人讨厌的课之后，人们会

① 《全书》三，《传习录》下，八五页。
② 怀特：《分析的时代》，商务印书馆，一九八七年，一〇三页。

说那一小时过得真慢，这说明我们的"生活时间"与客观钟表时间是不同的。同理，"生活世界""是由你的利害关系、兴趣和未来计划组成的，这就是存在主义现象学者要研究的东西"①，"这个人在日常生活的主观性中当下或直接经验到的那个世界是和各种科学研究的客观世界不一样的"②，生活世界包括个人的、社会的、感性的和实际的经验，是每个人直接经验范围内形成的那个世界，是一个具有"主观性"的世界，从这个观点来看王阳明所说"天没有我的灵明，谁去仰他高……天地鬼神万物离却我的灵明便没有天地鬼神万物了，……今看死的人……他的天地万物尚在何处?"这个被赋予了高、深诸性质的世界显然不是指一个事实的世界，而是一个价值的、审美的、具有意义的世界，"他的天地万物"就是他经验范围内形成的"生活世界"，这个世界离开了他的意识就不成其为他的世界了。胡塞尔的"生活世界"对海德格尔、萨特、庞蒂都有直接影响，阳明的思想也许从这个角度来了解，才是可以被理解的。

心外无物说的本意是强调实践意向对于实践活动的意义，这个思想一旦取得一种语言的形式，其意义在理解中必然有张大和变形，何况"心外"和"无物"在语言上都可以被相当合理地理解为"离开人的意识山川日月都不存在"这样的看法，阳明既然不想选择改变表达的方式，对他的回答虽然可以做

---

① 宾克莱:《理想的冲突》，商务印书馆，一九八四年，二一六页。
② 刘放桐等:《现代西方哲学》，人民出版社，一九八一年，五三〇页。

出某种诠释，但他的解答不能说是令人满意的。

四、心物同体

在心物问题上，阳明哲学中关于"心物同体"的讨论也值得注意。《传习录》下：

> 问：人心与物同体，如吾身原是血气流通的，所以谓之同体，若于人便异体了，禽兽草木益远矣，而何谓之同体？先生曰：你只在感应之机上看，岂但禽兽草木，虽天地也与我同体，鬼神也与我同体的。请问。先生曰：你看天地中间什么是天地的心？对曰：尝闻人是天地的心。曰：人又什么叫作心？对曰：只是一个灵明。（曰:）可知充天塞地中间只有这个灵明。……天地鬼神万物离却我的灵明便没有天地鬼神万物了，我的灵明离却天地鬼神万物亦没有我的灵明了，如此便是一气流通的，如何与他间隔得！①

万物同体这一段问答与山中观花及心外无物的讨论有些差别，心外无物是强调意识的第一性，而心物同体则是强调两者的统一性。而且，如山中观花表示的，心外无物的心可以指个

---

① 《全书》三，《传习录》下，八五页。

体意识，而万物同体一段说的"灵明"是指整个人类精神，二者是有所区别的。前者是论个别事物与个体自我意识，后者则是存在物的整体与人类意识总体的关系。

阳明答季明德书说："明德之意本欲合天人而为一，而未免反离之为二也，人者天地万物之心也，心者天地万物之主也，心即天，言心则天地万物皆举之矣。"①"人"为天地之心是指人是宇宙的精华，具有万物不能具有的智慧，这是一个拟人的说法，它是基于心（精神）既是人之全身的精华，又是人体活动的主宰这一看法，从而，人心作为宇宙的精华，在此意义上也可以说是天地万物的主宰。这里的"主宰"不是指创生或控制，只是说具有根本性。《礼运》："人者天地之心也，五行之端也"，晋人傅玄也说"心为万事主"，这些对心的说法都具有一种文学的、夸张的意义。

"人者天地万物之心，心者天地万物之主"，这个心作为人心，不是指个人的心，而是指人类的精神，如果说整个天地可以看作一个大身体，人类的精神便是这个大身体的心，在这个意义上"人心与物同体"。人心既然是个"灵明"，即精神，又是宇宙间唯一的灵明，这个灵明也就可以看作整个宇宙之心（灵明）。

阳明晚年倡良知学说，心物的问题往往也以良知与万物的形式出现。《传习录》下：

---

① 《全书》六，《答季明德》，一一七页。

朱本思问：人有虚灵，方有良知，若草木瓦石之类，亦有良知否？先生曰：人的良知就是草木瓦石的良知，若草木瓦石无人的良知，不可以为草木瓦石矣。岂惟草木瓦石为然，天地无人的良知亦不可为天地矣。盖天地万物与人原是一体，其发窍最精处是人心一点灵明，风雨露霜、日月星辰、禽兽草木、山川木石，与人原只是一体。①

根据这个看法，人与天地万物是一个整体，这种一体，一方面是"一气"所构成，另一方面，在这一气构成的宇宙中，只有人心最精最灵，所以人心可被看作这一气构成的整个世界的"灵明"，它的理性，它的精神，它的良知。由于把良知所安顿的躯体从小宇宙（人）放大为大宇宙（天地万物），因此作为宇宙结构成分的灵明或良知就不仅是人的良知，也可以看成草木、禽兽甚至瓦石的良知。如果没有良知，人就不成其为人，宇宙就不成其为宇宙，作为宇宙成分的草木瓦石也就不成其为草木瓦石了。天地人的这种一体性是有机的，没有人或人的良知，被破坏了原始有机一体性的天地，也就不再成其为原来意义上的天地了。这里的良知不是指个人的良知，而是人类的意识与精神；物也不是指个别的事物，而是整个存在的万物。这个思想是以一种有机整体宇宙的观念为基础的。

----

① 《全书》三，《传习录》下，七九页。

然而，如果宇宙中每一存在物及其属性都是必不可少的结构成分，那么不但无人的良知即无天地，无禽兽之恶亦不可为天地，因而，这种说法并不是哲学的论证，只是换了一个看问题的角度，或者提升了一个理解世界的境界而已。所以对于这一类命题，与其用存有论的方式去考察，不如从境界论方面去理解。这一点我们将在境界章中再详加讨论。

　　为了极力赞美良知作为主体性的意义，阳明不仅从心之灵明为身之主宰，经过万物一体为中介，而达到宣称"我的灵明便是天地鬼神的主宰"，在《传习录》中甚至有这样的记载："良知是造化的精灵，这些精灵生天生地，成鬼成帝，皆从此出，真是与物无对！人若复得它完完全全，无少亏欠，自不觉手舞足蹈，不知天地间更有何乐可代！"①"生天生地""成鬼成帝"语源庄子《大宗师》，"与物无对"学程明道语，"皆从此出"即"万化根源总在心"（咏良知诗）。"精灵"的说法，以"今看死的人，他这些精灵游散了，他的天地万物尚在何处？"参之，当指"灵明"。这是不是表明阳明在存有论上有以良知为宇宙本体的思想呢？孤立地就这一条材料而言固然可以这样理解，但这一思想在整个阳明思想中并不能找到支持，因此，毋宁说这也是以文学性的夸张语言表示的"心为万事主"的思想。

　　在对待良知即造化的精灵这一类问题上，望文生义固然

---

① 《全书》三，《传习录》下，七八页。

是理解能力不够的表现，而回避"唯心论"，把"唯心论"看成一个"坏"的语词，故意寻找非唯心论的范畴（如泛神论）去把握阳明心学，同样未能摆脱片面性。既然我们已经承认唯心论自有其认识的、伦理的价值，在哲学史的学术研究中就可以把它作为一个价值中立的范畴来使用。对于"唯物论"也是如此。因此，当我们使用诸如"唯心主义"一类范畴把握、描述阳明心学的性格时，绝不表示我们对这一体系及其价值的简单否定。

在心物问题上，近代西方哲学中的唯心主义是有较大影响的。贝克莱那种基于经验论的存在即是被感知，实际上只承认观念的实在性，不承认存在的实在性。费希特（Fichte）则认为非我不能离开自我，非我是由自我设立的。谢林（Schelling）也认为客体不能离开主体，主客应该是绝对同一的。经验批判主义也是强调自我与非我的不可分割的同格，认为对现存的东西的任何完全的描述，不能只包括环境而没有某个自我，至少不能没有那个描述我们所见到的东西的"自我"。而胡塞尔的意向性理论，最终仍把他反对的原则同格说以另一种形式引入主体与客体的关系之中，否认有独立于意向结构的对象。从这个方面来看，在心物问题上，阳明基本上是唯心论。但不仅是这一唯心论展开为不同侧面，其理论之中也还有些复杂性。如意有两种，一种为内心自己发动的意；一种则是心受外物所感而发生的意。从而在意与物的关系上，在前一种情况下，基于意向结构来规定物，意是第一性的；在第二种情况下，意是作为对外感的"应"，第一性的则是物，可见阳明哲学中其哲学结构也是相当复杂的。站在唯物主义的立场，必然要突出客体的自在性，就会以使心有所感即刺激、引起心之活动的自在对象来定义"物"。而阳明哲学总的倾向是要凸显作为实践意向的意，因而选择了把物纳入意向结构来定义。他有意地不去分别意之所在是否为实在对象，以求把对外物的注意转移到意向行为本身中来。他的唯心论一方面是类似费希特的"伦理唯心论"（梯利），一方面与现象学的唯心主义有异曲同工之妙。

（原载《哲学研究》，一九九〇年第三期）

王船山晚年的思想宗旨

根据船山的看法，宇宙的本原是太虚中的"细缊"之气，气聚而生成人物，人物死而散为气而归于太虚。聚散、生死是自然变化的必有之机。气聚为人而可见，这是"明"；人物死散而归于太虚，不可见，这是"幽"。所以从生到死，是从"明"转变为"幽"，而不是从"有"消灭为"无"。

　　如果船山仅仅停留在这种看法上面，那么他与张载的思想就完全相同，仍然是一种不同于佛教和道教的自然主义的生死聚散说。就反驳佛教道教、坚持自然变化的辩证观念而言，此说相当有力；同时，作为一种宇宙人生观，视生死变化为自然，不惧不畏不留，也有其重要的人生指导意义。

　　然而，若进一步问，在这种生死观下，人的善恶对"生"有何意义，对"死"有何意义，那么仅仅停留在以聚散释生死的观念上，就无法回答了。当然，如前所说，船山认为从自然的健顺之性而继之为仁义之性，以说明人的道德本性根源于天地之性，以确证善的根源，这也在一个方向上把他的气体—气化的宇宙论与善恶问题连接起来。但船山在实际上未止于此，与张载区别的是，他的宇宙论的特色和思想特质最终要在善恶对于生死的意义上表达出来，善恶对宇宙的意义亦成为船山思想的终点，这就是"存神尽性，全而归之"。我们虽然在前面已经指出这是船山思想的宗旨，但未加具体揭示，本章将对这一点做一全面的讨论。

一、安生安死

船山继承了张载的思想，以气的聚散来说明生死的本质：

> 气之聚散，物之死生，出而来，入而往，皆理势之自然，不能已止者也。不可据之以为常，不可挥之而使散，不可挽之而使留。是以君子安生安死，于气之屈伸，无所施其作为，俟命而已矣。①

气聚合而成人成物，这是"出而来"；人与物生命结束，气散而归于太虚，这是"入而往"。气有聚散，人有死生，这是自然变化的法则，也是永恒的势运，绝无停止之时。因此，人不能以为个体的生命身体是能够永久不死的。生死聚散有自己的规则，君子的态度是顺应它，安于生，安于死，平静而

————————

① 《船山全书》第十二册，《张子正蒙注》，《太和篇》，二〇页。

自然地接受生死变化。人对于气化聚散生死的过程是无所作为的，人所能够做的，就是以"俟命"的态度顺其自然，而无所恐惧留恋。"俟命"可见于《中庸》"故君子居易以俟命，小人行险以徼幸"，《孟子·尽心下》亦说"君子行法，以俟命而已矣"。当然，船山在这里并没有表达全面，人对于生死，不仅应以俟命的态度对待，还要尽力于心性的修养，这一点船山在其他地方多次加以强调。

船山解释《正蒙》"是生絪缊相荡、胜负屈伸之始"时又说：

> 胜则伸，负则屈，胜负屈伸，衰王死生之成象，其始则动之机也。此言天地人物消长死生、自然之数，皆太和必有之机。①

他以气的屈伸解释《正蒙》的"胜负"，这是合理的。成象与动机相对，成象指既成的固定形象，动几则是指这些形象朝向形成的初始苗头。船山的意思是，有盛有衰，有生有死，有聚有散，这些变化终始的运动根于太和实体所内含的动机，所以是必然的。他又说：

> 日月之发敛，四时之推迁，百物之生死，与风雨露雷乘时而兴、乘时而息，一也，皆客形也。有去有来谓之客。②

① 《船山全书》第十二册，《张子正蒙注》，《太和篇》，一六页。此处"王"字似指旺盛。
② 《船山全书》第十二册，《张子正蒙注》，《太和篇》，一八页。

气聚成形，形散还气，所以形是暂时的，故称为客形。一切有形体的事物都有兴有息，有兴无息是不可能的。所以"有生必有死"，不仅仅对于人类是如此，这是宇宙万事万物的普遍法则。

往来屈伸是循环不止的，"伸之感而屈，生而死也，屈之感而伸，非既屈者因感而复伸乎！"①伸是生，屈是死，由伸到屈，即由生而死；死是屈，屈又可以变为伸，在感的条件下，已死而屈者又可因感而伸，重新组成新的生命形态。换言之，一个生命体之死，气散入太虚，合于细缊之中；这些既散的气在一定的条件下又会重组结聚为新的生命形体。当然，一个新的生命体不是另一个旧的生命体的全部气所构成，"死生流转，无蕿然之形以限之，安得即一人之神识还为一人？"②船山也继承了张载关于鬼神的说法，张载说"鬼神者二气之良能也"，船山说：

> 鬼神者，气之往来屈伸者也。③

> 阴阳相感，聚而生人物者为神，合于人物之身；用久则神随形散，敝而不足以存；复散而合于细缊者为鬼。神自幽而之明，成乎人之能，而固与天相通，

---

① 《船山全书》第十二册，《张子正蒙注》，《太和篇》，二一页。

② 《船山全书》第十二册，《张子正蒙注》，《可状篇》，三七〇页。

③ 《船山全书》第十二册，《张子正蒙注》，《乾称篇》，三五九页。

100

鬼自明而返乎幽，然历乎人之能，抑可与人相感。①

古代宗教以人死后的存在为鬼，船山认为人物之死，即消散为气，还归于太虚纲缊之中，所以死散之气可名为鬼。反过来说，宇宙中并没有别的鬼，鬼就是死散而归向太虚的气。他又认为，太虚之中的神是一种变化的内在动力，它使得阴阳聚合为人物；而人物生成的时候，太虚之神就合于人物之身而成为人物的神智之神。至于最后一句，说人死气散为鬼，但经历过做人的这些鬼气，仍然可以与活的人相互感应，这应当是指祭祀的感格而言，我们就不在这里讨论。

船山也指出，神是无所谓"聚"，也无所谓"散"的。聚散是气，屈伸是指形气，神则无所谓屈伸，神也无所谓幽明：

> 日月、雷风、水火、山泽，固神化之所为，而亦气聚之客形，或久或暂，皆已用之余也，而况人之耳目官骸乎！故形有屈伸，而神无幽明之异。②

前面一段说"用久则神随形敝，敝而不足以存"，这里也说"或久或暂，皆已用之余也"，都是说客形用久就要消散。神本来是形而上的，太虚之神和人物之神，都是不可象的，所以无论形象如何聚散，神是无所谓幽明之分的。当然，神随着气之散，也会返于太虚。

---

① 《船山全书》第十二册，《张子正蒙注》，《太和篇》，三三至三四页。

② 《船山全书》第十二册，《张子正蒙注》，《太和篇》，三四页。

对此，船山也从理气的角度加以说明：

> 未生则此理气在太虚为天之体性，已生则此理
> 聚于形中为人之性，死则此理气仍返于太虚。形有
> 凝释，气不损益，理亦不杂，此所谓通极于道也。①

这是说，事物的理，在事物未聚合成形以前，是作为太虚的体性、天的体性。当气聚结为人为物时，原来天的体性就转而成为人物形体中的性理。人物死而化气弥散，理也就重新回复为气的理，而随气返归于太虚。

二、全生全归

但是，船山与张载的一大不同是，在张载，"散入无形，适得吾体；聚为有象，不失吾常"是自然的，与人为无关的，描写的是自然生死聚散的循环过程。但在船山，则强调"适得吾体"和"不失吾常"都有人为的因素参与其中，这也是船山思想的要妙之处。如船山说：

> 至诚体太虚至和之实理，与纲缊未分之道通一不
> 二，是得天之所以为天也。其所存之神，不行而至，
> 与太虚妙应以生人物之良能一矣。如此，则生而不

---

① 《船山全书》第十二册，《张子正蒙注》，《诚明篇》，一二〇页。

失吾常，死而适得吾体。迹有屈伸，而神无损益也。①

很明显，在这里，"生而不失吾常，死而适得吾体"，都是"至诚""存神"的结果，以至诚的修养使自己与太虚絪缊保持一致，以存神的修养使自己与太虚神化的良能一致，如此，才能"生而不失吾常，死而适得吾体"。如果比照上面引用过的"形有凝释，气不损益"，则这里的"迹有屈伸，而神无损益"的神应指气之神。

这一"死而适得吾体"，在船山更表达为"全而归之"。上面这段话的意思，也就是"存神而全归其所从生之本体"。正如我们在前文所指出的，船山最特别的地方，是他指出《正蒙·太和篇》的宗旨是"存神尽性，全而归之"。全而归之的归之，当然是归于其本体，这本体就是太和絪缊，所以船山说："鬼者归也，归于太虚之絪缊也。"②与张载不同，船山所说的"全归"很有讲究，体味他的话，人并不是在死后便可自然地"全归"其所从生的本体，"全归"实是"存神"修养的结果，这就是说，有存神的功夫才能全归本体，没有存神的功夫则不能全归本体。也就是说，有存神的功夫才能生时"不失吾常"，有存神的功夫才能死后"适得吾体"。

现在来看船山的这段话：

---

① 《船山全书》第十二册，《张子正蒙注》，《太和篇》，三四页。

② 《船山全书》第十二册，《张子正蒙注》，《可状篇》，三六九页。

性尽则生死屈伸一贞乎道，而不挠太虚之本体；
动静语默一贞乎仁，而不丧健顺之良能。……盖其
生也异于禽兽之生，则其死也异于禽兽之死，全健
顺太和之理以还造化，存顺而没亦宁。①

人在生时若能尽性行道，则其生异于禽兽之生，因为他的生
命活动"不挠"太虚之本体，不丧健顺之良能。不挠即不扰乱，
意思是能使其生命状态与太虚本体一致。不丧健顺之良能，
是说他的个体生命没有丧失从天地健顺之性得来的本性。一
句话，他的生命保持着与太和之体用的一致。由于他在生时
能尽性行道，所以其死也异于禽兽之死，这种异于禽兽之处
乃在于他能"全健顺太和之理以还造化"。"还"就是"归"，这
就是"全而归之"的意思。当然，这里只说全健顺之理而归之，
没有谈到气，我们在后面还会说明。在船山这段话里，我们
应当注意，按照他的说法，如果我们不能尽性存仁，就会影
响(挠)太虚的本体，就不能全健顺之理还归造化。

于是，船山说：

使与太和缊缊之本体相合无间，则生以尽人道而
无歉，死以返太虚而无累。全而生之，全而归之，

———————

① 《船山全书》第十二册，《张子正蒙注》，《太和篇》，一八至一九页。

斯圣人之至德矣。①

这里的"与太和缊缊之本体相合无间"是指人为的修养和努力，这种"无间"，就是前面说的"性尽则生死屈伸一贞乎道，而不挠太虚之本体；动静语默一贞乎仁，而不丧健顺之良能"，也就是前面说的至诚存神而"至诚体太虚至和之实理，与缊缊未分之道通一不二……与太虚妙应以生人物之良能一矣"。而这里所说的"死以返太虚而无累"也与前所谓"不挠太虚之本体"相通。只有我们在德行上做到"与太和缊缊之本体相合无间"，我们才能够"全而生之，全而归之"。而"全而生之，全而归之"就成为我们的目标和目的。

如果细分的话，则"全归"还可分为"全形"和"全性"，他说：

全形以归父母，全性以归天地，而形色天性初不相离，全性乃可以全形。②

事实上，对于船山而言，自认为其"全归"之说本于《正蒙》。船山《正蒙·乾称篇》文本有："体其受而全归者，参乎！"这是指曾子死前启手足的故事。不过，船山注本用的《正蒙》文本"全归"，在其他诸本皆作"归全"，自然，全归和归全在意义上没有分别，但这显然是船山有意无意地改动了文本（盖归全

① 《船山全书》第十二册，《张子正蒙注》，《太和篇》，二○页。
② 《船山全书》第十二册，《张子正蒙注》，《乾称篇》，三五六页。

二字，在他看上去即全归二字）。我们将会看到，如果不就字义而就话语的历史来看，归全和全归就有很大分别了。这段话中对全形和全性的分别，就使得前面的那个问题清楚了，即"全健顺太和之理以还造化"是重就"全性"而言的，所以没有提到形气。

现在，让我们回到船山论《正蒙》与《太和》宗旨的那段话。这一段所解释的《正蒙》原文是：

> 昼夜者，天之一息乎？寒暑者，天之昼夜乎？
> 天道春秋分而气易，犹一寤寐而魂交。①

"魂交"出于《庄子·齐物论》"其寐也魂交"。船山的解释是："气之屈伸往来，一也。寤则魂交于明，寐则魂交于幽，神固未尝亡也。"是说人虽然有梦有醒，但心神始终而在。

《正蒙》接着说：

> 魂交成梦，百感纷纭，对寤而言，一身之昼夜也；气交为春，万物糅错，对秋而言，天之昼夜也。②

船山的解释是：

> 魂交者，专指寐而魂交于幽而言。身内为幽，

<hr>

① 《船山全书》第十二册，《张子正蒙注》，《乾称篇》，三九页。
② 《船山全书》第十二册，《张子正蒙注》，《乾称篇》，三九页。

身外为明。生物者客形尔，暂而不常，还原而忘其故，故如梦。秋冬敛物之精，适得太虚絪缊之体，故如寤之返于真也。昼为生，夜为死，气通乎昼夜者，合寤寐而如一，故君子无不正之梦而与寤通理。

此篇(太和)之旨，以存神而全归其所从生之本体，故以秋配昼寤，以春配夜梦。而下章推物欲之所自出，唯不能通夜于昼，而任魂交之纷纭，故有发无敛，流于浊而丧其清，皆随气迁流，神不存而成贞淫交感之势也。①

如果把人在白天清醒时的意识、生活作为本体，则夜半做梦便为客形。太虚絪缊是本体，人物之生则为客形。两相比照，就可以白天的清醒比喻为死后归还于本体，而以夜半做梦比喻为人生的暂时状态。生死的交替，则如昼夜之交替，但不同的是，昼夜交替是自然的，人无所与于其中。但人的生死虽然是自然的，但能否完全地回归到本体，则有赖于人的道德努力，所以船山要强调"此篇之旨，以存神而全归其所从生之本体"，存神在这里有着重要的作用，它决定着一个人死后如何回归，能否"全归"。我们在下节再来更清楚地说明船山的思想所在。

---

① 《船山全书》第十二册，《张子正蒙注》，《太和篇》，四〇页。

三、不留不挠

要了解究竟什么叫"全而归之"，这和人的善恶有何关系，我们要进一步揭示出来。

船山说：

> 聚而成形，散而归于太虚，气犹是气也。神者，气之灵，不离于气而相与为体，则神犹是神也。聚而可见，散而不可见尔，其体岂有不顺而妄者乎？故尧舜之神，桀纣之气，存于细缊之中，至今而不易。①

这是说，气聚成形，形散为气而还归太虚，气仍然回复为其自身。神与气不相离，气回复为自身，神也依旧还是气之神（从形之神回复为气之神）。换言之，聚结为人物的气，在人物死亡而消散之后，并非消散为无，而是复归于本然的细缊。形体的神本来来自气的神，形体散为气以后，形体的神也没有变为无（本无聚散），也只是回复到作为气之神。神者气之灵，是指形体的神，即神是气的虚灵作用和功能。这些都是强调气、神在散归后并没有消尽为无，气仍然作为气存在着，神仍然作为神存在着。船山说这就是《正蒙》讲的顺而不妄。

---

① 《船山全书》第十二册，《张子正蒙注》，《太和篇》，二三页。

然后船山指出，尧舜的神、桀纣的气，散归于太虚之中，至
今不变。这句话是什么意思呢？

在另一段，船山说：

> 聚则见有，散则疑无，既聚而成形象，则才质
> 性情各依其类。……故善气恒于善，恶气恒于恶，
> 治气恒于治，乱气恒于乱，屈伸往来，顺其故而不
> 妄。不妄者，气之清通，天之诚也。[①]

照前面所说，所谓"不易"应当是指善气永远是善气，恶气永
远是恶气，治气永远是治气，乱气永远是乱气，尽管这些气
都处在屈伸往来之中，但它们之间永远不会混淆（因为它们不
在同一世界）。

船山在解释"气之为物，散入无形，适得吾体"时指出：

> 散而归于太虚，复其絪缊之本体，非消灭也。
> ……散而仍得吾体，故有生之善恶治乱，至形亡之
> 后，清浊犹依其类。[②]

这就是说，人生在世时的善或恶、治或乱，在人死之后，依
其类而归散为气。善气和恶气各依其类而散，善气散归入善
气类中，恶气散归入恶气类中，互不混淆。这是一种很奇特

---

① 《船山全书》第十二册，《张子正蒙注》，《太和篇》，一九页。
② 《船山全书》第十二册，《张子正蒙注》，《太和篇》，一九至二〇页。

的思想，这既不是纯粹的自然主义，更不是纯粹的人文主义，而是带有某种宗教或神秘色彩的气学世界观，这很可能与明代后期、明末的善恶报应论和民间宗教的死后观念的影响有一定的关系。

人生善恶对宇宙的影响，不仅在于死后的归类，而且在其生前。所以，不仅要"全归"，也要"全生"。船山在《动物》篇又有一段话：

> 日生者神，而性亦日生；反归者鬼，而未死之前为鬼者亦多矣。所行之清浊善恶，与气俱而游散于两间，为祥为善，为眚为孽，皆人物之气所结，不待死而始为鬼以灭尽无余也。①

这是说，不仅人在死后散为气对宇宙有影响，即使人在活着的时候，他的行为的善恶都会随时成为一种气或者与气一起游散于天地之间。这些言行的善恶与气一起，结为一定的天象气候，影响人的社会生活，如所行之善在天地之间结为祥瑞，所行之恶则结为灾害。这些也属于鬼，是未死前的鬼。

在这样的宇宙观下，人在生时的言行善恶，并不仅仅是一种名声、一种社会评价，也绝不会像大海的泡沫消散灭尽，反而，在他的生前和死后，都会变成为宇宙当中的一种实体性的存在，影响天地两间的气象，影响宇宙的构成。就本质

---

① 《船山全书》第十二册，《张子正蒙注》，《动物篇》，一〇二页。

而言，这类思想在历史上至少可以追溯到汉代的灾异感应说①，甚至有佛教"业"的影子。

现在，我们再回到论"张子之绝学"的那段重要资料：

> 此章乃一篇大指。贞生死以尽人道，乃张子之绝学，发前圣之蕴，以辟佛老而正人心者也。朱子以其言既聚而散，散而复聚，讥其为大轮回；而愚以为朱子之说正近于释氏灭尽之言，而与圣人之言异。孔子曰："未知生，焉知死。"则生之散而为死，死之可复聚为生，其理一辙，明矣。易曰："精气为物，游魂为变。"……形而上即所谓清通而不可象者也，器有成毁，而不可象者寓于器以起用，未尝成，亦不可毁，器散而道未尝息也。……有形者且然，况其细缊不可象者乎！未尝有辛勤岁月之积一旦悉化为乌有，明矣。……且以人事言之，君子修身俟命，所以事天；全而生之，全而归之，所以事亲。使一死而消散无余，则谚所谓伯夷盗跖同归一丘者，又何恤而不逞志纵欲，不亡以待尽乎？惟存神以尽性，则与太虚通为一体，生不失其常，死可适得其体，

---

① 此种感应论在明末理学中亦可见，特别是在民间讲会，如高攀龙的同善会讲语云："人人良善，这一团和气，便感召得天地一团和气，当雨便雨，当晴便晴。……极不好的风俗，这一团恶气，便感召得天地一团恶气，雨旸不时，五谷不登，人们疾病疬疫交作。"（《高子遗书》卷一二，"四库全书"一二九二册，上海古籍出版社，七二〇页）

而妖孽、灾眚、奸回、浊乱之气不留滞于两间，斯
尧舜周孔之所以万年，而诗云"文王在上，于昭于
天"，为圣人与天合德之极致。①

这一段全面阐述了船山所理解的《正蒙·太和篇》的宗旨，充
分表达了船山自己思想的终极关怀。他批评程朱的过分自然
主义的生生说②，认为气之生生说不仅不能恰当说明人物的所
从来、所以往，而且会导致善恶的意义的减失。他始终不能
接受程朱对张载的异议，正是因为这一点对他具有根本性。
他主张绲缊之气即在器物之中，绲缊是不可毁灭的，故形器
解体而不可象的气之神则未尝消灭。而人的一生中的积善积
恶也绝不会随生命的死亡而化为乌有。在他看来，从理论的
功能上说，如果主张人们的善恶行为随一死而消散无余，那
么人们就会认为，圣贤和盗贼、大善与大恶，归宿完全相同，
他们的分别没有意义，从而就会使人无所畏惧、无所顾忌地
走向纵欲主义。君子知道人们的善恶行为不会随一死而消散
无余，因此修身俟命，存神尽性，这样生时全面行善，与太
虚通为一体，不会留下任何浊气灾眚于两间，这就是"全而生
之"。这样的君子死后合于太虚，以全清之气回归到绲缊太
和，这就是"全而归之"。他认为，所谓周孔万年，所谓文王
在上，都应该从这个方面来理解。

---

① 《船山全书》第十二册，《张子正蒙注》，《太和篇》，二二至二三页。
② 《船山全书》第十二册，《张子正蒙注》，《太和篇》，三三页。

现在，船山的思想我们已经基本明了了，以下再举出一些材料来进一步帮助说明：

> 顺而言之，则惟天有道，以道成性，性发知通。逆而推之，则以心尽性，以性合道，以道事天。惟其理本一原，故人心即天，而尽心知性，则存顺没宁；死而全归于太虚之本体，不以客感杂滞遗造化以疵颣。圣学所以天人合一，而非异端之所可溷也。①

这也是说，人若能尽心知性，就能做到张载所说的存顺没宁，死后便能够全归于太虚本体，不留下任何不善溷浊的杂滞之气影响两间的造化，这也就是前面说的"而妖孽、灾眚、奸回、浊乱之气不留滞于两间"。这样的归宿才是真正的天人合一，才是保合太和，这样的人生才是"立命"。换言之，如果不能尽心知性修养自己，就有可能造成恶浊之气而影响两间，自己也就不能全归本体。这里涉及的心性功夫论问题留待后文讨论。

他又说：

> 人能存神尽性以保合太和，而使二气之得其理，人为功于天而气因志治也。不然，天生万殊，质偏

---

① 关于程朱的气之生生说与横渠的聚散轮回说的分别，可参看拙著《宋明理学》(辽宁教育出版社，一九九二年)程颐的部分。

而性隐，而因任糟粕之嗜恶攻取以交相竞，则浊恶
之气日充塞于两间，聚散相仍，灾眚凶顽之所由弥
长也。①

如果人能存神尽性，就能全而生之、全而归之，用《周易》的
话来说，这也叫作保合太和，意即保证了太和的清通与和谐。
如果不能存神尽性，人顺其气质之偏而不加修养，本性便隐
而不彰，言行动止都听任欲望的鼓动，这样浊恶之气就会弥
漫天地之间，凶灾就会不断增长，宇宙和人类社会就可能陷
于灾乱和苦难。

在上述解说明白之后，在这样的背景下，我们才能理解
《正蒙注》中的以下说法：

乾乾自强，以成其德，以共天职，而归健顺之
理气于天地，则生事毕而无累于太虚。……②

有了前面的论述，我们才能顺理成章地知道，"归健顺之理气
于天地"就是前面所说"全健顺太和之理以还造化"；这"生事
毕而无累于太虚"就是"不以客感杂滞遗造化以疵颣"，就是
"浊乱之气不留滞于两间""不挠太虚之本体""死以返太虚而
无累"。

行文至此，我们可以说，王船山思想的落脚之处，现在

---

① 《船山全书》第十二册，《张子正蒙注》，《太和篇》，四四页。
② 《船山全书》第十二册，《张子正蒙注》，《至当篇》，二〇七页。

已明白无遗。这个生死—善恶的问题是船山晚年思想的核心和要义，其他的复杂的理论辨析和概念组织都是围绕此一核心的外围建构和展开，或为这一落脚点所铺排的理论前提。他的所谓"气论"也不可能离开这一基点来理解。这种观念不仅受到宋明理学的明确影响，也可能受到明末善书和民间宗教等流行的善恶报应论的刺激，而他的奸回、灾眚的说法也应当包含了他所亲历的明末的社会动乱与天崩地解的经验。

四、理学渊源

船山的"全而生之""全而归之"的思想是从哪里来的？回答是：其基本观念从古典儒学和宋明理学而来。

前面已经提有，张载的《正蒙·乾称篇》中有"体其受而归全"的讲法，船山注本的"归全"作"全归"，根据以上的论述，我们相信船山本作"全归"并没有版本上的依据，这多半是他的思想影响了他的视觉。

其实，这一思想在儒学中有久远的渊源。

《大戴礼记·曾子大孝篇》：

> 乐正子春曰："吾闻之曾子，曾子闻诸夫子曰：'天之所生，地之所养，人为大矣。父母全而生之，子全而归之，可谓孝矣。不亏其体，可谓全矣。'故君子顷步之不敢忘也。……"

《礼记·祭义篇》亦有：

> 乐正子春曰："善如尔之问也！吾闻诸曾子，曾
> 子闻诸夫子曰：'天之所生，地之所养，惟人为大。
> 父母全而生之，子全而归之，可谓孝矣。不亏其体，
> 不辱其身，可谓全矣。故君子顷步之弗敢忘孝也。'"

《吕氏春秋·孝行览》：

> 乐正子春下堂而伤足，瘳而数月不出，犹有忧
> 色。门人问之曰："夫子下堂而伤足，瘳而数月不
> 出，犹有忧色，敢问其故？"乐正子春曰："善乎而问
> 之。吾闻之曾子，曾子闻之仲尼：父母全而生之，
> 子全而归之，不亏其身，不损其形，可谓孝矣。君
> 子无行咫步而忘之。余忘孝道，是以忧。"

这是"全而生之""全而归之"的最早的出处，照《大戴礼记》的
说法，这种提法甚至可追溯到孔子，至少可追溯到七十子
时代。

《论语·泰伯》"曾子有疾，召门人弟子曰……"章，朱子
《论语集注》载：

> 程子曰："君子曰终，小人曰死。君子保其身以
> 没，为终其事也，故曾子以全归为免矣。"尹子曰：
> "父母全而生之，子全而归之。曾子临终而启手足，

116

为是故也。非有得于道，能如是乎？"

由于《大戴礼记》不在《十三经》之中，后世传讲此书的人亦少，所以，宋明的士人应是由《礼记》而熟悉这套论说。我推测，这一套论说的后世影响也应当与程门对《论语》的解释有关。二程高弟子尹和靖对二程的"全归"观念，明确用《大戴礼记》《小戴礼记》的说法做了阐释，经过朱子《四书集注》的表彰，也由此影响了此后宋明思想的发展。船山对于儒家典籍研读甚广，对朱子的《四书集注》，阅读更为用力，其《四书训义》就是以朱注为本，加以发明。所以《大戴礼记》、《小戴礼记》、二程和尹氏的这些思想必然是他所熟悉的。

事实上，朱子早在其《西铭解义》中就已提及乎此：

> 父母全而生之，子全而归之，若曾子之启手足，则体其所受乎亲者而归其全也。况天之所以与我者，无一善之不备，亦全而生之也；故事天者能体其所受于天者而全归之，则亦天之曾子矣。……①

受于父母的要全而归之，受于天的也要全而归之。但是朱子在这里并没有具体说明如何全而归之。

朱子的意见，我们留待后面再说，先来看二程、尹氏之后，南宋程学者早就注意及此：

———————

① 《理性大全》(一)，山东友谊书社，一九八九年，三四四页。

张横浦云：

> 曾子得正而毙，吾能处其正，顺受而全归于天地，是有曾参之孝也。①

这是继承了二程的说法。

张南轩云：

> 天地其父母乎？父母其天地乎？不以事天之道事亲者，不得为孝子；不以事亲之道事天者，不得为仁人。全而生之，全而归之，事亲之道，所以事天。②

很明显，张南轩在程门的影响下，把《礼记·祭义篇》《大戴礼记·曾子大孝篇》的"全生""全归"观念和《礼记·哀公问篇》的"事天""事亲"观念结合在一起。横浦和南轩都没有见过《四书集注》，所以他们的思想并不是受朱熹的影响得来的。③

明代心学亦很重视此说，如：

湛甘泉云：

> 中立而和发焉，万事万化自此焉，达而位育不

---

① 见《宋元学案》卷一七，《横渠学案》上，横渠文集《西铭》下所引张九成语。
② 《宋元学案》卷五〇，《洁白堂记》，引《南轩文集》。
③ 南轩死时朱子的论、孟集注已有成稿，但其后仍修改不断，而《四书》合而为一时则南轩已死十年矣。南轩当看过朱子的《西铭解》。不过，以南轩出于名门与名师来看，他不必经过朱子便可了解儒家此一传统的讨论。

外是矣。故位育非有加也，全而归之者耳。①

　　天之生物，使之一本，父母全而生之，子全而归之，继善成性，不以生存，不以死亡，生生化化，通乎死生昼夜而知者，归根复命之谓也，谓之不死可也。②

这"不以生存，不以死亡……谓之不死可也"的说法，和后来王船山的说法已经接近，但从甘泉所用的"继善成性"来看，他所强调的全生全归，当指性而言。

　　阳明学论此更多，如王阳明《答顾东桥书》：

　　盖"知天"之知，如知州、知县之知。知州则一州之事皆己事也；知县则一县之事皆己事也。是与天为一者也。"事天"则如子之事父，臣之事君，犹与天为二也。天之所以命于我者，心也，性也，吾但存之而不敢失，养之而不敢害，如父母全而生之、子全而归之者也。③

可见阳明对这一套传统的论述不仅熟悉，而且深受影响。但阳明认为，全生和全归者，不是气，而是心和性。阳明弟子后学也多有论述，如：

———————————

①　《明儒学案》卷三七，《甘泉学案》一，引心性图说。
②　《明儒学案》卷三八，《甘泉学案》二，论学语引答祝介卿。
③　《阳明全书》卷二，《传习录》卷中。

邹东廓《语录》云：

> 念虑事为，一以贯之，是为全生全归，仁孝
> 之极。①

罗近溪云：

> 盖吾心之德原与天地同量，与万物一体。故欲
> 明明德于天下，而一是以修身为本者，正恐自贼之
> 耳。故曰："谓其身不能者，贼其身也。"夫父母全而
> 生之，子全而归之，孔子东西南北于封墓之后，孟
> 子反齐止嬴于敦匠之余，固为天下生民，亦为父母
> 此身。……②

泰州学派最讲安身，所以"全而生之""全而归之"的思想很适
合他们论述。

王塘南《语录》载：

> 问："人之死也，形既朽灭，神亦飘散，故舜、
> 跖同归于必朽。所仅存者，惟留善恶之名于后世
> 耳。"予曰："不然。"又问："君子之修身力学，义当
> 然也，非为生死而为也。倘为生死而为善，则是有
> 所为而为矣。"予亦曰："不然。夫学以全生全归为准

① 《明儒学案》卷十六，《江右王门学案》一，三四三页。
② 罗近溪：《明道录》卷七，会语。

的，既云全归，安得谓与形而俱朽乎？全归者，天地合德，日月合明，至诚之所以悠久而无疆也。孰谓舜跖之同朽乎？以全归为学，安得谓有为而为乎？"曰："天地合德，日月合明，悠久无疆，特言其理耳。岂真有精神灵爽长存而不泯乎？是反为沉滞不化之物矣。"予曰："理果有乎？有即沉滞矣。理果无乎？无即断灭矣。沉滞则非德非明非至诚也，断灭则无合无悠久也。此等见解，一切透过，乃可语生知之学。"①

这一段对话非常重要。王塘南弱冠时曾学于刘两峰，高攀龙后来很推崇他。② 船山《正蒙注》论"贞生死以尽人道"的那一段话，其中关于"全而生之""全而归之"的论述，与王塘南的主张及其与门人的对话完全相应，如出一辙，如果说船山没有读过王塘南的上述语录，反而是不可想象的。这绝不是说船山受江右王学影响更大，如上所说，这是宋明道学的根于古代经典的共有论述，理学、心学皆不能外。

　　问者沿承自汉晋南北朝以来的神灭论，认为人死形朽神灭，圣人与大盗同其归宿。人死之后，精神即散灭，不可能长存不泯。因此，善恶与生死（及死后世界）无关，只是在人

① 《明儒学案》卷二十，《江右王门学案》五，四八八至四八九页。
② 《明儒学案》卷二十，《江右王门学案》五，四六八至四六九页。有关王塘南的心性思想，可参看吴震《聂豹·罗洪先评传》，南京大学出版社二〇〇一年，二五六至二九五页。

类后来历史上留下声名与影响。儒家以"为善去恶"的道德为无功利的绝对命令，如果认定善恶与生死有关，为了生死而行善去恶，那就成为"有所为而为"了，也就是说道德就有了功利的目的，这是不合儒家传统的。

王塘南不赞成问者的看法，这意味着他不认为人死后精神便即散灭。他认为"全归"是为学的目的，全归的意思就是悠久不朽，这意味着，至少对于全归的人而言，其精神与行为的善恶都不会随形朽而朽灭。他认为，从以"全归"为目的来说，就不能算作功利性的"有所为而为"，因为这不是为了个人的功利，而是为了尽其对宇宙的责任。王塘南的说法表现出一种努力，即发展古代的"三不朽"说，把"不朽"的问题与"形神"的问题以及"全归"的问题联系在一起。

宋儒程、尹的"全归"说，本来并不包含船山所赋予的那种宇宙论意义。事实上，塘南所面对的问者的论点，乃是比较近于儒学主流(如朱子学，见下)的见解，而塘南的全归说显然是船山的先导。船山进一步发展了塘南的主张，而他的阐释中所借用的媒介(即把善恶和生死关联起来的神秘自然主义)，已经颇受明末世俗思想的刺激和影响，但比之塘南那种尚觉模糊的说法更加清楚实在。

我们说船山此种思想可能受到明末民间宗教的影响，并不是说这种说法一定直接来自某一民间宗教或善书，在我看来更为可能的是，船山受到此种思想的刺激，及"生死事大"的影响，意识到善恶报应论的意义；但他又不想采取民间宗教的地狱报应说、子孙报应说等庸俗的形式，故而采取了一种把善恶报应或感应附加于气论的形态，使之仍然保持为精英士人的哲学性话语。①

在船山，这一问题意识的自觉，并不是一开始就建立了的，虽然他早在《周易外传》中略及此意，但《四书笺解·泰伯篇》根本未及"曾子有疾"这一章，《读四书大全》及于此章，而全未提及全生全归之义。《礼记章句·祭义篇》完全没有理会及此。《四书训义》列朱子集注，但船山在此章的训义中对程氏尹氏的全归思想却全无发明。②

现在让我们回过头来，看朱子对此问题的立场。朱子早已指出：

> 夫性者，理而已矣。乾坤变化，万物受命，虽所禀之在我，然其理则非有我之所得私也。……且乾坤造化，如大洪炉，人物生生，无有休息，是乃所谓实然之理，不忧其断灭也。今乃以一片大虚寂目之，而反认人物已死之知觉，谓之实然之理，岂不误哉！又圣贤所谓归全安死者，亦曰无失其所受

---

① 事实上，黄宗羲也论及此，《宋元学案·明道学案》上有黄氏按语："父母全而生之，原不仅在形体，闻道，则可以全归矣。"

② 《四书训义·曾子有疾章》虽未提全归之说，而其中的思想与《正蒙注》中的《西铭》思想的解释倒有关："人尽而归之天，所以赞天而善其化也。人之生也，父母生之，父母皆吾之天也。以大化言之，则父母在天之中，以生我言之，同天在父母之中。"（《船山全书》七，五三〇页）

123

乎天之理，则可以无忧而死尔；非以为实有一物，可奉持而归之，然后吾之不断灭者，得以晏然安处乎冥漠之中也。夭寿不贰，修身以俟之，是乃无所为而然者，与异端为生死大事、无常迅速，然后学者，正不可同日而语。[①]

朱子认为，那种主张只有讲气的循环才能避免"断灭"论的思想，是不对的，宇宙的变易过程就是生生不已的过程，气是生生不息的；"生生不息"的观念本身就是反断灭论的，它表示不需要以旧的气来循环造作，旧气不断消尽，新气不断生生。朱子特别指出，古典儒学所谓"归全安死"，从未预设人的神识在死后可归于天，晏然处于冥漠之中，更不是以此作为修身的目的。修身是"无所为"的，并不是为了死后的晏然安处。可见，朱子的立场是与塘南、船山对立的，船山始终认为，"新气"是无从产生的，宇宙只是旧气的循环。二人的哲学的根本分歧在此。朱子批评廖德明的话，与向塘南发问者的思想，在立场上是相同的，也证明这个发问者的主张正是朱子学者的主张。

五、余论

以上所论船山思想中的全生全归问题，指出在善恶报应

---

① 《文集》卷四五，《答廖子晦》。

的具体建构上，船山使用了一种气不灭、神不灭、善恶影响亦不灭的说法。我写完以上文字后，遍寻前辈论述相印证，乃知前人研究船山，多不及此。唯见唐君毅、嵇文甫曾略及之。唐君毅论王船山思想说："由其学上承横渠之学之精神，而又特有得于易教之故，其言易道之别于先儒者，要在以太极只为一阴阳之浑合，力主乾坤并建，以言宇宙人生历史之日新而富有之变。缘是而其命日降性日生之说乃得以立，而更有其人之精神死而不亡之义。"①他又说：船山所谓人亡之后，其气或精神，非一逝而不还，恒能出幽以入明，而感格其子孙。圣贤英烈之逝，即以其精神，公之来世于群生。②唯唐君毅《原性篇》在此二处皆未引船山原文，观其意，他所说的精神死而不亡，似主要指船山对于古代祭祀的感格问题的解释，而未注意"全而生之，全而归之"之义。

他在《原教篇》也谈及此："而圣贤虽殁，其精神亦常往来于宇宙间，圣贤养其清明之气，以显仁义，则圣贤虽逝，而此仁义清明之气，自往来于宇宙之间，而延于后起之人，为后起之人之清明之气。而圣贤之德亦即长存天地。"③不过，《原教篇》论此，其所引资料，唯《周易外传》和《庄子解》各一

---

① 《中国哲学原论·原性篇》，《唐君毅全集》卷一三，台北学生书局，一九八九年，五〇三页。

② 《中国哲学原论·原性篇》，《唐君毅全集》卷一三，台北学生书局，一九八九年，五一三页。

③ 《中国哲学原论·原教篇》，《唐君毅全集》卷一七，台北学生书局，一九九〇年，六二〇页。

条，亦未及乎《正蒙注》的根本思想。

嵇文甫在论王船山思想中的"唯心主义杂质"时指出，"我们必须认清，过去学者使用这个'气'字，并不完全像我们现在使用'物质'这个概念一样，它里面往往夹杂些非物质的因素，带有神秘气味。就如船山，在《张子正蒙注》里边，论气无生灭，以反对佛老的虚无思想，本来已讲出些物质不灭的道理。可是说着说着，就离开'有形者'说到'絪缊不可象'的地方。不仅物质不灭，连人们'辛勤岁月之积'，为善为恶，也都要在那廓然'太虚'之中留下不可磨灭的印记，这就很难理解了"[①]。他引了船山"尧舜之神，桀纣之气"和"善气恒于善，恶气恒于恶"等几段话，作为依据。不过，嵇文甫只是觉察到"气"论之复杂，而尚未认识到这些说法都是船山"全而归之"说的部分。[②]

船山思想的主题，以其晚年的《正蒙注》为代表，通过"全而归之"体现了他的终极性的关怀，这一点，从他的自题墓铭

---

① 《王船山学术论丛》，中华书局，一九六二年，五三页。

② 此外，徐苏铭曾引述船山《读通鉴论》中评论范缜等材料，说明船山对范缜神灭论的批评，但船山在《读通鉴论》中的评论多未深入。可参看吴立民、徐苏铭著《船山佛道思想研究》（湖南出版社，一九九二年），第九四至九六页。最近唯见严寿澂《船山思问录导读》文略涉及此，他说："船山思想的一大特点，是主张以一己清醇的神气为功于天地。其理据是：人的神气与天地交通，与天下治乱息息相关。其前提则是：必须变化气质，使自己的神气臻于清醇。""船山更认为，人的一生所作所为，绝非'一死而消灭无余'，而是全都融入于其神气之内；这份死后重返于天的神气，因此而有了清浊之分。"（《船山思问录》，一八、二二页）。只是《思问录》本身未论及此，故学者往往忽略。

"幸全归于兹丘"中的"全归"二字也可得到证明。船山的所有努力，是以强烈排击佛老的姿态，谋求全面树立儒家圣学的世界观，这与道学兴起的主题是一致的，故船山的思想主题可说仍然延续着道学的主题。所不同的是，船山对佛老影响的忧虑是经历了明末社会和思想的变化有感而发。但不论其所发之外缘如何，其在思想和理论上与道学的主题仍为一致。船山的思想要排除佛老的影响，破除二氏的虚无主义宇宙观与人生观，试图建立一宇宙论的通贯解释以安立儒家的人性论、实践论，并以此以为儒学正统的重建，彻底破除佛老的迷蒙。在此意义上，我们说船山实可谓一"后理学"的儒学思想家。

这里所谓"后理学"或"后道学"的用法是用于王船山，或者更广地用于清代王、颜、戴的发展。正如很多学者把"后现代"看成"现代"本身的一种发展，王船山等虽然对于理学有全面反思，但未尝不是道学的一种发展。在这个意义上，这里的"后"字，在彰示一种不同形态的同时，还能显示出一种连续性的意思，比只讲典范的转换要好，正如余英时在讨论南宋政治文化时所用的"后王安石时代"概念一样。这种看法与把船山作为继承横渠的宋明道学的另一系的看法可并行不悖。

"全而归之"的论述，显示出船山思想中的一种根深蒂固的意识，即人对于宇宙的责任意识，而所有的意义都是建构在这一责任意识上的，即人对于宇宙的原生生态的保持和净化，是一件具有根本意义的事情；人要以善生善死来承担起他对宇宙的这种责任。船山把这样一种意识作为其整个思想的基础和目标，这不能不说是相当独特的。

（原载《中国学术》，二〇〇三年第三期）

宋明儒学与神秘主义

一、引言

中国古典哲学中，道家和佛教常常被作为东方神秘主义的典型形态，对此加以讨论的学者也有很多，史华兹（Benjamin I. Schwartz）的近著《中国古代的思想世界》，在关于老子的一章中也还专辟一节加以讨论。但对儒家传统（特别是宋明理学）中的神秘主义问题，较少有人注意。

"神秘主义"在英文作 mysticism，此一概念的外延和内涵在西方学者中常各异其说。一般而言，在中世纪基督教神学传统中，mystical（神秘的）一词是指人所达到的一种宗教觉解的高级阶段。尔后，逐步由比较宗教学家、哲学家、人类学家应用到与基督教经验类似的其他宗教经验，甚至一些非宗教的文化现象上面，成为一个普遍的 phenomenological concept

131

（现象学概念）。按照比较宗教学的立场，mysticism 是和mystical experience 即"神秘经验"或"神秘体验"联系在一起的。神秘经验或神秘体验是指宗教信徒经过特定的修养方法所获得的一种高级的内心体验。但是，一个西方的学术概念或范畴一经译为中文，即获得了一种相对独立性。如"唯物主义""唯心主义"，都在中国逐步有了自己的解释传统。学术界中，"神秘主义"往往包含了各种民间迷信，因而与表示高级的内心体验的 mysticism 就不能完全相合，谢扶雅先生曾提出译为"神秘"不切，应为"神契"，以示我与非我的契合。① 但在下面的叙述中可以看到，"神契"只适用于某些神秘体验。若依我的意思，mystical experience 本可译为神悟的体验。但语言乃约定俗成，人创其说，徒增其乱，所以也就无须改译。本文所要考察的正是儒家传统中是否存在神秘体验（mystical experience）的问题，这一问题可以使我们从另一角度认识中国哲学的特点，帮助我们理解中国哲学的许多重要思想命题，也可以使我们进一步反省儒家的局限，认清当代儒学发展的方向。

比较宗教学家早就发现，在世界上的主要宗教传统中都存在着所谓"神秘体验"的现象，这种神秘体验的基本特征是通过一定的修持所获得的一种突发的、特别的心理感受。但在不同的宗教传统中，此种体验的内容与其解释以及伴随产生的情感形式有所不同。如基督教神秘体验的基本内容是"与

① 谢扶雅：《宗教哲学》，一九五九年，香港，一四一页。

神合一"（union with God），"体验"这里是指人之内心所获得的感受、感觉、心象的组合，人感到超越了自我与上帝的巨大差隔，同上帝合而为一。印度教的最高境界是体验到个体灵魂与宇宙最高实在婆罗门的"梵我同一"。佛教的体验则与前两者都不相同，佛教的最高体验既不引导到任何最高实在（supreme being），也不承认有灵魂（soul 或 atman）。所谓涅槃（nirvana）乃是一种高级的内心体验境界，既否认自我与超越存在的融合，也否认灵魂对肉体的摆脱，而是一种对"空"的洞见与体验，是克服了任何有我的心灵状态。[①]

　　不管这些宗教体验有何差别，从比较宗教学的观点看，这些神秘体验具有一些共同的特征。威廉·詹姆斯（William James）在他的 *Varieties of Religious Experience*（宗教经验之种种）一书中提出所有神秘经验的四个普遍特征：不可言喻的、直觉的、瞬间获得的、受动的。但这四点基本上是从形式上着眼，不涉及体验在内容及情感表现上的共通性。史泰思（W. T. Stace）对神秘体验进行了深入研究，他认为神秘体验的基本特征是言语道断的、悖反的、神圣感、实在感，而根本特征则是"合一性"（oneness）体验。他指出，虽然基督教体验的"合一"与印度教体验的"同一"有区别，前者是 union，后者是 identity，但可以认为他们都体验到一种无差别的、单纯的浑一。而佛教体验则排除了一切思维情感，其结果也还是一

---

① S. T. Katz: *Mysticism and Philosophical Analysis*, p. 29.

种单纯的浑一。史泰思进一步指出，根据这种"合一性"的不同表现，一切神秘体验大体可以归为两类，即外向的神秘体验(extrovertive)和内向的神秘体验(introvertive)。他比较了世界上各种神秘体验后提出，这两类神秘体验各自具有七个特点，其中有五个特点对两类体验是相同的，即神圣感、实在感、宁静、愉悦或兴奋、不可言喻；而两类体验的不同在于，外向的神秘体验是体验到宇宙万物的浑然一体(all things are one)，而内向的神秘体验则是体验到一种纯粹意识(pure consciousness)，这种无差别的纯粹意识让人感到自己即是整个实在，超越了一切时空的差别。① 尼尼安·斯马特(Ninian Smart)提出神秘体验的典型特征是达到了不可言喻的巨大快乐、对永恒的感受，以至获得了一种全新的世界观。本阿米(Ben-Ami Scharfstein)等则讨论过神秘体验的技术，认为达到神秘体验的重要而基本的方法是自我控制，具体地说是集中(concentration)、呼吸的调节和冥想(meditation)。②

根据比较宗教学的研究，可以这样说，神秘体验是指人通过一定的心理控制手段所达到的一种特殊的心灵感受状态，在这种状态中，外向体验者感受到万物浑然一体，内向体验者则感受到超越了时空的自我意识即整个实在，而所有神秘体验都感受到主客界限和一切差别的消失，同时伴随着巨大

---

① W. T. Stace：*Mysticism and Philosophy*，p. 131.

② 参见 Ninian Smart：*Reasons and Faiths*，p. 55；Ben-Ami Scharfstein：*Mystical Excperience*，p. 99；R. M. Gimello：*Mysticism and Meditation*.

的兴奋、愉悦和崇高感。宗教徒十分重视它，并以此作为教义的经验验证。心理学家詹姆士·鲁巴（J. H. Leuba）的 *Psychology of Religious Mysticism*（宗教神秘主义心理学）则强调神秘体验乃受潜意识支配，是在特定条件下的心理反应或错觉。但比较文化和比较宗教的研究表明，无论如何，神秘体验是一种重要的意识现象，并普遍影响到各种文化的发展。

本文对儒学神秘体验的探讨，基本上是作为一种 phenomena logical description of mystical experience（神秘体验的现象逻辑描述）。应当说明，我在本文虽以讨论神秘体验为主旨，确认古典儒学特别是宋明理学包含有神秘主义传统，但并不是说神秘主义是儒学的主导传统，相反，在我看来，理性主义一直是儒学的主导传统，应当批判地继承和发扬。

二、明代心学的神秘体验

为了论述的方便，本文采取倒叙的方法，即先讨论明代儒学的神秘体验，然后再溯至宋代以前，这是因为明代儒学的神秘体验发展得最充分，记述得也较详细。

黄梨洲尝言：“有明之学，至白沙始入精微，其吃紧功夫，全在涵养。”①陈白沙自述为学云：

> 仆才不逮人，年二十七，始发愤从吴聘君学，

① 《明儒学案》，中华书局，一九八五年，七八页。

135

……如是者亦累年，而卒未得焉。所谓未得，谓吾
此心与此理未有凑泊吻合处也。于是舍彼之繁，求
吾之约，惟在静坐。久之，然后见吾此心之体，隐
然呈露，常若有物，日用间种种应酬，随吾所欲，
如马之御衔勒也。①

陈白沙这里所说的正是一种通过静坐这种基本修养方式所获
得的内心体验。这种静坐体验在儒学中具有典型意义，就上
述体验而言，其特点是"心体呈露"。对于缺乏这种体验的人
来说，要准确地解说何为"心体呈露"是有一定困难的，但是
基本上可以断定这是近于"内在的神秘经验"即所谓纯粹意识
的呈现。因为"心体"指心的本然之体，即本来状态，宋明儒
者以静坐屏除心中念虑，观未发之气象，都是在寻求这个"心
体"的呈现。白沙为学主张"须从静中养出个端倪来"②，就是
要求学者通过 meditation 获得"心体呈露"的经验。不过，白沙
还有过另外一种神秘体验，如他所说：

天地我立，万化我出，而宇宙在我矣。得此柄
入手，更有何事。往古来今，四方上下，都一齐穿
纽，一齐收拾。③

---

① 《白沙子全集》卷二，《复赵提学佥宪》。
② 《白沙子全集》卷二，《与林郡博》。
③ 《白沙子全集》卷二，《与林郡博》。

此种境界即是自我与宇宙合一的神秘体验，所谓"往古来今，四方上下，都一齐穿纽，一齐收拾"当是指超越时间的感受。这种神秘经验的功夫就是白沙所谓的"柄"。

阳明之学力主"知行合一"与"致良知"，但其初下手处亦有得于神秘体验。阳明于弘治中在洞中静坐，修习导引之术；后在常德、辰州专教人静坐，自云："兹来乃与诸生静坐僧寺，使自悟性体，顾恍恍若有可即者。"①《年谱》记其龙场悟道云：

> 日夜端居澄默，以求静一。久之，胸中洒洒。……因念圣人处此更有何道。忽中夜大悟格物致知之旨，寤寐中若有人语之者，不觉呼跃，从者皆惊。始知圣人之道，吾性自足，向之求理于事物者误也。②

黄绾为阳明所作《行状》亦云：

> 公于一切得失荣辱皆能超脱，惟生死一念尚不能遣于心，乃为石廓，自誓曰：吾今惟俟死而已，他复何计！日夜端居默坐，澄心精虑，以求诸静一之中。一夕忽大悟，踊跃若狂者。③

依《年谱》所说，阳明悟道似乎是参话头所得，但据《行

---

① 《阳明先生年谱》庚午条。
② 《阳明先生年谱》戊辰条。
③ 《阳明全书》卷三七。

状》，"端居默坐""澄心精虑""求诸静一"，还是以静坐的方法，去除内心一切思维欲念，使注意力完全集中在内心，这种"吾性自足"的体验还是白沙一路的"心体呈露"，他的"忽大悟"和"踊跃若狂"更是神秘体验的基本特征。阳明虽不以此种神秘体验为宗旨，但认为由此入手，也是圣贤功夫。

王龙溪曾述阳明在阳明洞天修习静坐而得神秘体验的经历：

> 究心于老佛之学，缘洞天精庐，日夕勤精修，炼习伏藏，洞悉机要，其于彼家所谓见性抱一之旨，非惟通其义，盖已得其髓矣。自谓尝于静中内照形躯如水晶宫，忘己忘物、忘天忘地，与空虚同体，光耀神奇、恍惚变幻，似欲言而忘其所以言，乃真境象也。及至居夷处困，动忍之余，恍然神悟，不离伦物感应，而是是非非，天则自见。①

此中"自谓"即指阳明自述其所得体验，龙溪此说得自阳明，必为可信，由此可见阳明也曾有过天地万物为一体的神秘体验。

黄宗羲论有明朱学，谓不过此一述朱，彼一述朱；又引高攀龙语，谓薛敬瑄、吕泾野皆无透悟。② 其实朱学本来反对

---

① 《龙溪先生全集》卷二，《滁阳会语》。
② 《高子遗书》卷五；《明儒学案·姚江学案》按语。

此种"透悟"的体验。与之成为对照，为王学者却颇多言悟。阳明妹婿徐爱云：

> 吾始学于先生，惟循迹而行，久而大疑且骇，然不敢遽非，必反而思之，思之稍通，复验之身心。既乃恍若有见，已而大悟，不知手之舞、足之蹈，曰："此道体也，此心也，此学也。"①

徐爱对其如何"验之身心"的功夫语焉未详，但他"恍若有见，已而大悟"，见心体道体，而手舞足蹈，当也是一种神秘体验。

阳明弟子聂双江，在嘉靖时曾入诏狱。《明儒学案》载：

> 先生之学，狱中闲久静极，忽见此心真体，光明莹彻，万物皆备。乃喜曰："此未发之中也，守是不失，天下之理皆从此出矣。"及出，与来学主静坐法，使之归寂以通感，执体以应用。②

聂双江"忽见此心真体，光明莹彻，万物皆备"的体验典型地表达了儒学神秘体验的内容。由静坐达到体验，这一方法中国哲学称为"归寂以通感"。

同时罗念庵引双江为同调，双江之学以静为主，即同门

---

① 《明儒学案》卷一一，二二三页。

② 《明儒学案》卷一七，三七二页。

亦有讥为禅悟者，认为他把未发之功全变成神秘体验；罗念庵却称"双江所言，真是霹雳手段"。盖罗念庵初时也从禅学入手，"辟石莲洞居之，默坐半榻间，不出户三年，事能前知"；"先生尝阅楞严，得返闻之旨，觉此身在太虚，视听若寄世外。见者惊其神采，先生自省曰：误入禅定矣"。但他后来仍依方与时"圣学者亦须静中恍见端倪始得"的方法练习夜坐功夫①，可见他的功夫始终在静坐体验一途。方与时把白沙"静中养出端倪"改为"静中恍见端倪"，以神秘体验为功夫更为明确了。罗念庵自己曾叙述所得：

> 当极静时，恍然觉吾此心中虚无物，旁通无穷，有如长空云气流行，无有止极。有如大海鱼龙变化，无有间隔。无内外可指，无动静可分，上下四方，往古来今，浑成一片。所谓无在而无不在，吾之一身乃其发窍，固非形质所能限也。②

与聂双江的"内向体验"不同，罗念庵详细叙述了他的"外向体验"。所谓内向或外向，并不是指体验者用心方向的不同，而是指体验的内容和结果有以宇宙为主和以自我意识为主的不同。陈白沙的体验虽然也是往古来今四方上下一齐收拾，但强调"天地我立，万化我出"，毕竟以意识之我为主。而念庵

---

① 《明儒学案》卷一八，三九〇页。
② 《念庵文集·与蒋道林》。

所述，并没有任何作为纯粹意识的我，整个宇宙浑然一体，无内外、无动静、无间隔，超越了时间、空间及一切差别，体验到真正的无限感。这显然是一种神秘的心理体验。罗念庵的例子更可明显看出佛道两家的静坐及体验对宋明儒学产生的深刻影响。

阳明另一弟子王龙溪持四无之说，他主张以"无善无恶"为心之体，似有近于佛教对"空"的神秘体验为基础。在修养的方法上他主张"从静中收摄精神，心息相依，以渐而入"，十分看重静坐调息，其目的大体也在由此悟入。他曾说："师门尝有入悟三种教法：从知解而得者，谓之解悟，未离言诠；从静中而得者，谓之证悟，犹有待于境；从人事练习而得者，忘言忘境，触处逢源，愈摇荡愈凝寂，始为彻悟。"[①]由此看来，龙溪虽不以"静中证悟"为最高境界，但也还承认王门中有此一悟法。

龙溪弟子万廷言（字思默），亦曾学于罗念庵。思默尝向龙溪自述其体验：

> 始学静坐，混混嘿嘿，不着寂，不守中，不数息，一味收摄此心。所苦者此念纷飞，变幻奔突，降伏不下，转转打叠。久之，忽觉此心推移不动，两三日内如痴一般，念忽停息，若有一物胸中隐隐呈露，渐发光明。自喜此处可是白沙所谓"静中养出

① 《明儒学案》卷一二，二五三页。

端倪"？此处作得主定，便是把握虚空，觉得光明在内，虚空在外，以内合外，似有区宇，四面虚空，都是含育这些子，一般所谓"以至德凝至道"似有印证。①

万思默静坐，一遵龙溪"收摄精神"的方法，初学时杂念纷扰反而多于平时，渐渐入静，忽然内心呈现出一种特别的状态，在这种状态中好像有什么东西呈露出来，同时伴随一种光明感。他确信，这是对陈白沙"心体呈露"体验的再经验。黄宗羲述万思默自序为学：

> 弱冠即知收拾此心，甚苦思，强难息，一意静坐，稍觉此中恰好有个自歇处。……幸得还山，益复杜门静摄，默识自心。久之，一种浮妄闹热习心忽尔销落，觉此中有个正思，惟隐隐寓吾形气，若思若无思，洞彻渊澄，廓然无际。②

万思默参究此学数十年，不为不久，他所体验的"洞彻渊澄，廓然无际"是指对"心体"的体验，比他初学静坐时隐露心体似又进了一步。

胡直(字正甫)亦从学罗念庵，念庵尝教其静坐。他说罗念庵不尽信阳明之学，专教学者主静无欲。后来胡直又学禅

---

① 《明儒学案》卷一二，二五四页。
② 《明儒学案》卷二一，五〇二页。

于邓钝峰(鲁)，他在《困学记》中自述：

> 或踞床，或席地，常坐夜分，少就寝，鸡鸣复
> 坐，其功以休心无杂念为主，其究在见性。予以奔
> 驰之久，初坐至一二月，寤寐间见诸异相。钝峰曰：
> "是二氏家所谓魔境者也。……"至六月遂寂然。一
> 日，心思忽开悟，自无杂念，洞见天地万物，皆吾
> 心体。喟然叹曰：予乃知天地万物非外也。[①]

胡直得此体验后告之邓钝峰，邓谓"子之性露矣"。胡直甚喜。
但不久"因起念，遂失初悟"，因是复极寻绎：

> 一日同诸君游九成台，坐地方欠身起，忽复悟
> 天地万物果非在外。印诸子思"上下察"、孟子"万物
> 皆备"、程明道"浑然与物同体"、陆子静"宇宙即是
> 吾心"，靡不合旨，视前所见，洒然彻矣。[②]

胡直的体验也很典型，基本路径也是由静坐入手，息除各种
念虑，在极静中突发地获得一种悟境，他体验所得的"天地皆
吾心体，万物非外"大体上类似灵魂与宇宙合一的经验。尤其
是他一语道破儒学体验自思孟以来的传统，表明他对此种功
夫确乎是深造有得。

---

① 胡直：《困学记》。

② 胡直：《困学记》。

蒋信号道林，曾学于阳明、甘泉，《明儒学案》述其学：

> 先生初看《论语》与《定性》《西铭》，领得"万物
> 一体"是圣学立根处。三十二三时病肺，至道林寺静
> 坐。久之，并怕死与念母之心俱断。一日，忽觉洞
> 然宇宙，浑属一身，乃信明道"廓然大公""无内外"
> 是如此，"自身与万物平等看"是如此。①

宋明儒者不少如蒋信，因体弱病患从佛老修习，初意不过只
在养生而已。但佛之禅定、道之调息都很容易引发神秘体验，
体验者习于所熟，自会印证于五经四书先儒语录，若有所合，
即此信为证悟，立为教法。阳明另一弟子王心斋，见阳明前
曾有一段经历：

> 先生虽不得专攻于学，然默默参究，以经证悟，
> 以悟释经，历有年所，人莫能窥其际也。一夕，梦
> 天堕压身，万人奔号求救，先生举臂起之，视其日
> 月星辰失次，复手整之，觉而汗溢如雨，心体洞彻。
> 记曰正德六年间居仁三月半时二十九岁。②

《年谱》说他二十七岁始"默坐体道，有所未悟，则闭关静思，
夜以继日，寒暑无间"，可知他二十九岁梦悟是他平日默坐静

---

① 《明儒学案》卷二八，六二八页。
② 《王心斋先生全集》卷二。

思的结果。心斋路径虽然也主默坐，但偏于参话头，无论如何，他的"心体洞彻"也是一种神秘体验，自无可疑。

王门之中也有不讲此种体验功夫的，如邹守益之学多得力于敬，他深知"夫流行之为性体，释氏亦能见之"，意谓释氏也是通过神秘体验证得性体，其《青原赠处》不录无善无恶之说，也包含了反对这种体验的意义。但其子颖泉之学，据黄宗羲说"入妙通玄，都成幻障"①。这所谓幻障，所谓入妙通玄，都是指以神秘体验为宗旨，失却戒慎恐惧的笃实功夫。颖泉之子邹德涵也曾刻苦自修，"反闭一室，苦攻至忘寝食，形躯减削。……久之，一旦雪然，忽若天牖，洞彻本真，象山所谓此理已显也"②。所以黄宗羲说他比其父的幻障更多一层。

明儒中记述自己体验最详的是高攀龙。他曾自述为学的四个主要阶段：二十五岁时闻顾宪成讲学，始志于学。先服膺朱子《大学或问》入道莫如敬之说，"故专用力于肃恭收敛，持心方寸间，但觉气郁身拘，大不自在，及放下，又散漫如故，无可奈何"。他的下手处，正是认调息为主敬，差失处即气功家所谓失功了也。登第后，"冬至朝天宫习仪，僧房静坐，自见本体。忽思'闲邪存诚'句，觉得当下无邪，浑然是诚，更不须觅诚，一时快然如脱缠缚"。这是他由静坐初得，体验到愉悦和解放感。他的自见本体是指本心。又数年，赴揭阳，过杭州六和塔，有省，于舟中设席，发愤下功夫，"严

---

① 《明儒学案》卷一六，三三五页。
② 《明儒学案》卷一六，三三五页。

145

立规程，以半日静坐，半日读书"。静坐中不帖处，只将程朱所示法门，参求于几，"诚敬主静""观喜怒哀乐未发""默坐澄心，体认天理"等，一一行之。"立坐食息，念念不舍，夜不解衣，倦极而睡，睡觉复坐，于前诸法，反复更互，心气清澄时，便有塞乎天地气象，第不能常。"他将宋儒种种静中功夫都拿来一一试过，但所得气象仍属一般主静所得，算不上有真正体验。舟行两日，过汀州：

> 陆行至一旅舍，舍有小楼，前对山，后临涧，登楼甚乐。偶见明道先生曰："百官万务、兵革百万之众，饮水曲肱，乐在其中。万变俱在人，其实无一事。"猛省曰："原来如此，实无一事也。"一念缠绵，斩然遂绝。忽如百斤担子，顿尔落地。又如电光一闪，通体透明，遂与大化融合无际，更无天人内外之隔。至此见六合皆心，腔子是其区宇，方寸亦其本位，神而明之，总无方所可言也。平日深鄙学者张皇说悟，此时只看作平常，自知从此方好下功夫耳。①

高攀龙的顿悟也是以静坐功夫为基础，其中也夹有多年参"心要在腔子里"这一话头的成分。他的心"与大化融合无际"，就是与宇宙合为一体；"更无天人内外之隔"，即泯除一切差别

---

① 《高子遗书》卷三。

的体验。他的"电光一闪，通体透明"更显出这一彻悟的神秘性质。刘宗周说他半杂禅门即是指此。

三、宋代心学的神秘体验

明代儒学的神秘体验为我们了解宋代儒学提供了一些基本的线索和方向，正如明代儒学的神秘体验多出于王学一系，宋代儒学的体验也较多见于陆学。

陆象山弟子杨简（号慈湖）"尝反观，觉天地万物通为一体，非吾心外事。陆象山至富阳，夜集双明阁，象山数提'本心'二字。先生问何谓本心，象山曰……先生闻之忽觉此心澄然清明，亟问曰：'止如斯邪？'象山厉声答曰：'更何有也！'先生退，拱坐达旦。……观书有疑，终夜不能寐，曈曈欲晓，洒然如有物脱去，此心益明"①。杨慈湖静坐反观，体认得天地万物通为一体，后来他接受象山本心之说，并非在富阳听扇讼时当下即悟，而是复从"拱坐达旦"的静坐下手，方始有了对"此心"的证悟。所以对他来说，从学象山是使他的神秘体验从外向的万物一体进而转至内向的本心澄明。

从神秘体验的角度来看，慈湖的《己易》就不难理解。《己易》历来被认为张皇过甚，满纸大空之言，无可把握，如"易者，己也，非有他也。以易为书，不以易为己，不可也。以易

①　《宋元学案》，《慈湖学案》，《慈湖先生遗书》卷一八，《行状》。

为天地之变化，不以易为己之变化，不可也。天地我之天地，变化我之变化，非他物也"①。站在理性思维和一般哲学思辨的立场，我们除了感到一种自大狂妄，几乎无法探知这一系列命题提出的认识根据。实际上，这种把宇宙永恒无限的变易过程视为与自我合而为一，从杨简学术的基本取向上可以断定是基于神秘体验的描述。描述的内容并不是理性和逻辑思维的结果，而是一种特定的心理体验。杨简《绝四记》说："一日觉之，此心无体，清明无际，本与天地同，范围无内外，发育无疆界。"这种"觉"也就是"悟"。同时陈淳（北溪）曾激烈批评陆学，说："浙间年来象山之学甚旺，由其门人有杨袁贵显，据要津唱之，不读书，不穷理，专做打坐功夫。"②北溪此言当有所据。盖叶水心已指出："陆子静后出，号径要直捷，诸生或立语已感动悟人"，为其学者"澄坐内观"。③这"澄坐内观"正是心学体验的基本功夫。

慈湖门人叶祐之，字元吉，以《绝四记》为工夫。《宋元学案》述其体验云：

> 得慈湖《绝四记》读之，知此心明白广大，异乎先儒缴绕回曲之说。自是读书行己，不敢起意。寐中闻更鼓声而觉，全身流汗，失声叹曰："此非鼓

① 《宋元学案》，《慈湖学案》，《慈湖先生遗书》卷七。
② 《北溪文集·答陈师夏》。
③ 《水心文集·胡崇礼墓志铭》。

声，皆本体光明变化。"而目前常若有一物。慈湖至吴，先生抠衣求教，一闻慈湖言，其物泯然不见。慈湖之诗曰："元吉三更非鼓声，慈湖一夜听鹅鸣。是同是异难声说，何虑何思自混成。炉炭几番来暖热，天牖一点吐圆明。起来又睹无穷景，水槛澄光万里清。"①

禅家公案有太原孚上座静虑收心，闻鼓角声契悟的故事，叶祐之的闻声悟道与之非常相似。这"澄光万里清"正是慈湖以绝四教人的境界。

象山门下杨袁并称，袁燮字和叔，"初先生遇象山于都城，象山即指本心洞彻通贯，先生遂师事而研精覃思，有所未合，不敢自信。居一日，豁然大悟，因笔于书曰：'以心求道，万别千差。通体吾道，道不在他。'慈湖与先生同师，造道亦同"②。所谓"通体吾道，道不在他"，乃是证得心道通为一体。此种豁然大悟，虽未说明是从静坐中来，要亦是一种神秘体验，故说与慈湖造道相同。象山门下傅梦泉(字子渊)，最为朱子所不喜，其早年为学，"一日读《孟子·公孙丑章》，忽然心与相应，胸中豁然，……尝谓人曰，人生天地间，自有卓卓不可磨灭者在，果能如此涵养，于此扩充良心善端，

① 《宋元学案》卷七四。
② 《宋元学案》卷七五。

交易横发，塞乎宇宙，贯乎古今。"①傅子渊后来失心而死，朱子认为与其下手处偏有关，指他是走火入魔而致精神失常。同时还有石宗昭，兼从陆朱吕问学，吕东莱死，他所作祭文中有"电光石火不足恃"之说，象山闻之颇为恼怒。"电光石火"当指陆学顿悟体验而言。

叶水心、陈北溪说陆学学者专做静坐内观的功夫，论其实，陆子静未尝以此为宗旨，但他确曾教人静坐体验。《语录》载詹阜民录：

> 某因思是，便收此心，然惟有照物而已。他日侍坐，无所问，先生谓曰："学者能常闭目亦佳。"某因此无事则安坐瞑目，用力操存，夜以继日。如此者半月，一日下楼，忽觉此心已复澄莹，中立窃异之，遂见先生。先生目逆而视之，曰："此理已显也。"某问先生何以知之，曰："占之眸子而已。"因谓某："道果在迩乎?"某曰："然。"②

此事足以证明象山曾教学生"安坐瞑目"以体证道我合一和本心澄莹，所以后来明代邹德涵一旦"洞彻本真"，立即悟道："此即象山所谓此理已显也。"

不但陆学及其门下各弟子多有此种体验，其私淑者也是

---

① 《宋元学案》卷七五。
② 《象山全集》卷三五，《语录》下。

如此。赵彦肃(字子钦)死，杨慈湖为作《行状》云：

> 业成，又去习先儒诸书，自谓无不解者，逮从晦岩沈先生游，因论太极不契，愤懑忘寝食。遂焚平昔所业数箧，动静体察，功夫无食息闲。一日舟行松江，闻晨鸡鸣，已而犬吠，通身汗浃，前日胸中窒碍，一时豁去。其后以语学者，且曰："不知此一身汗自何而至。"省觉之初有诗曰："循缘多熟境，溺法无要津，虚心屏百虑，犹是隔几尘。云边察飞翼，水底观跃鳞，闷杀鲁中叟，笑倒濠上人。"①

赵彦肃闻鸡鸣犬吠，通身大汗而悟，与叶祐之相近，其方法大体也是把注意力长时间集中在内心一点，借助某种机缘而达到高峰体验。另有陈葵字叔向，其学亦近小陆，朱子亦敬其人，叶水心志其墓曰："君既与魏益之游，每恨老虑昏而无所明，记忆烦而不足赖。益之因教以尽弃所怀，独立于物之初。未久，忽大悟，洪纤大小，高下曲直，皆仿佛有见焉。"②这一种体验语焉未详，难于进一步了解。

小陆之学，以易简标榜，学问主张尊德行发明本心，也是实有所见。他说读孟子而自得之，亦不是虚言。但陆学门径往往有含混处，如究竟如何发明本心，学者常患没有下手

---

① 《宋元学案》卷五八。
② 《宋元学案》卷六一；《水心文集·陈叔向墓志铭》。

151

处。体验一路，以教詹阜民静坐一事观之，象山本是认可这一种工夫。此盖由他自己初时也曾有得乎此，唯不以此为宗旨，与阳明略同。陆象山三四岁时即穷索天地何所穷际的问题，苦参多年不得其解，至十四岁时大悟。《象山全集·年谱》载：

> 先生自三四岁时思天地何所穷际不得，至于不食，宣教公呵之，遂姑置，而胸中之疑终在。后十余岁因读古书至宇宙二字，解者曰："四方上下曰宇，往古来今曰宙。"忽大省，曰："原来无穷。"乃援笔书曰："宇宙内事乃己分内事，己分内事乃宇宙内事。……"又曰："宇宙便是吾心，吾心即是宇宙。……"又曰："宇宙不曾限隔人，人自限隔宇宙。"①

从神秘体验的角度来看，象山所说的省悟，无非也是心与宇宙合而为一，并超越了时间、空间的证悟。治理学的人多从理性上了解象山"吾心即是宇宙"这些话，这些话并不是不能加以理性的解释，但我们从陆王心学的神秘体验传统来看，必须在理性的了解之外，加以神秘体验的说明，才更加顺理成章，亦庶几可以理解十几岁的象山何以会讲出这一番惊人的话来。后来象山与徐子宜同赴南宫之试，论天地之性人为贵，象山出云："某欲说底却被子宜道尽，但某所以自得受用

---

① 《象山全集》卷三六，《年谱》辛未条。

底，子宜却无。"①陆之"自得受用底"当指他确有体验证悟。而杨慈湖所谓"天地我之天地，变化我之变化"，与小陆"宇宙便是吾心，吾心即是宇宙"也是一脉相承而来。

关于两宋理学程朱一派的体验问题，对理解整个宋代理学也极为重要。朱子早年最重要的老师是李侗（延平），李侗从学罗从彦（豫章），罗从彦受业于二程高弟杨时（龟山）。龟山—豫章—延平—考亭这一师承传统称之为"道南学派"。然而，如果仅仅从师承着眼，就不能理解道南的特点及道南发展到朱子时所出现的重大变化。

从杨时到李侗，道南一派极力推崇《中庸》的伦理哲学，尤其注重其中的"未发已发"之说。《中庸》说："喜怒哀乐之未发谓之中，发而皆中节谓之和。中也者，天下之大本也；和也者，天下之达道也。"杨时强调："学者当于喜怒哀乐未发之际，以心体之，则中之义自见。"②这就把《中庸》"未发"的伦理哲学引向具体的体验实践，而"体验未发"也就成了龟山门下的基本宗旨。这在从罗从彦到李侗的发展中尤为明显。朱子说："初龟山先生倡道东南，士人游其门者甚众，然语其潜思力行、任务诣极如罗公（从彦）者，盖一人而已。……（李侗）闻郡人罗仲素（从彦字）先生得河洛之学于龟山杨文靖公之门，遂往学焉。尽得其所传之奥。"③这表明自杨而罗而李代表

① 《象山全集》，《年谱》壬辰条。
② 《龟山集》卷四。
③ 《文集》卷九七，《延平李先生行状》。

153

了道南的正统传承。罗从彦与李侗一生用力处唯在"体验未发"。李侗曾与朱子书云："某曩时从罗先生问学，终日相对静坐，只说文字，未尝一句杂语。先生极好静坐，某时未有知，退入室中亦只静坐而已。先生令静中看喜怒哀乐未发之谓中，未发时作何气象。"①所以朱子也说："先生（李侗）既从之学，讲诵之余，危坐终日，以验夫喜怒哀乐未发之前气象如何，而求所谓中者。若是者盖久之，而知天下之大本真有在乎是也。"②李侗向朱子传授的仍是这一点，朱子指出："李先生教人，大抵令于静中体认大本未发时气象分明，即处事应物自然中节，此乃龟山门下相传指诀。"③

可见，"体验未发"确实是道南一派真传宗旨。罗李的功夫完全是静坐，持之以久，就会获得"天下之大本真有在乎是"的体验。因此，所谓体验未发，与前述种种神秘体验一样，都是要求体验者超越一切思维和情感，最大限度地平静思想和情绪，使个体的意识活动转而成为一种直觉状态，在这种高度沉静的修养中，把注意力集中在内心，去感受无思无情无欲无念的纯粹心灵状态，成功的体验者常常会突发地获得一种与外部世界融为一体的浑然感受，或者纯粹意识的光明呈现。因而，道南宗旨在本质上看是直觉主义的，并包含着神秘主义。这种神秘主义在儒学中的建立，显然是来自

---

① 《延平答问》庚辰五月八日书。
② 《文集》卷九七，《延平李先生行状》。
③ 《文集》卷四〇，《答何叔京》第二书。

禅宗和道教的影响。理学家多从禅宗修习，从道教养生，自然注意到这种心理体验。但理学作为儒学，与二氏的不同在于，它们企图把这种内心体验作为提高人的品格境界和心性修养的手段。朱子早年曾从开善道谦禅师下功夫，对禅宗的"里面体认"非常熟悉，故受教延平寻求未发后，他立即指出："原来此事与禅学十分相似，所争毫末耳，然此毫末却甚占地位。"①

罗从彦、李侗终日静坐体验，寻求"天下之大本真有在乎是"的感受，这一点当承自杨时。杨时不但倡导心体未发，其格物思想也渗入此种体验精神。他说："物固不可胜穷也，反身而诚，则举天下之物在我矣。"②朱子后来总是批评杨时这一说法："近世如龟山之论便是如此，以为反身而诚，则天下万物之理皆备于我。万物之理须你逐一去理会过方可，如何会反身而诚了，天下万物之理便自然备于我，成个什么！"③朱子总是站在理性主义立场上，因而未必意识到杨时说的反身而诚、万物皆备正是与他提倡的体验未发一样，是以神秘体验为基础的。

杨时这一种基于静中体验的万物皆备说又是来源于程颢。大程子说：

---

① 《朱子文集续集》卷五，《答罗参议六》。

② 《宋元学案·龟山学案》。

③ 《语类》卷六二。

仁者浑然与物同体。……存久自明，安待穷索？

　　此道与物无对，大不足以明之。天地之用皆我之用，

　　孟子言万物皆备于我，须反身而诚，乃为大乐。①

由此看来，大程子所谓"仁者以天地万物为一体""仁者浑然与物同体"，不仅仅是一种理性境界，而且包含有神秘体验在其中。既然在这种体验中个体与宇宙万物合而为一，自然"天地之用皆我之用"，而伴随产生的"大乐"也是此种体验的应有之义。这种体验的获得，当然不是朱子说的逐一格物。"存久自明，安待穷索？"程颢虽对"存"未及详细说明，要亦是以诚敬存心，更不用说他一向赞成静坐的功夫了。所以明代儒者有所证悟，总要拈出浑然同体的话来，黄宗羲谓高攀龙的体验近于杨时"反身而诚万物皆备"的一路，这一点对理学家本来不是秘密。《宋元学案》云："明道喜龟山，伊川喜上蔡。"窃尝疑之，朱子为龟山三传，其学最近于伊川，故似应龟山传伊川之学于朱子，如何龟山反特为明道所喜？正是在追求未发的心理体验上杨时更继承了程颢，故杨时辞明道而归时，明道意味深长地说："吾道南矣。"

　　朱子从学李侗时，李侗曾努力引导他向体验未发上发展。但是，正如朱子所说："余早从延平李先生学，受《中庸》之书，求喜怒哀乐未发之旨，未达而先生没。"②"昔闻之师，以

---

①　《二程遗书》卷二上。
②　《文集·中和旧说序》。

为当于未发已发之机默识而心契焉，……向虽闻此而莫测其所谓。""旧闻李先生论此最详，……当时既不领略，后来又不深思。"不管朱子根深蒂固的章句之好是否或在多大程度上妨碍他尽心于未发体验，明显的事实是，朱子始终不曾经历过那种体验，尽管在延平生前死后他都做了很大努力。正是由于未能找到那种可以受用的体验，才使他有了丙戌、己丑两次中和之悟的反复穷索，也使他走上另一条道路，即不是从心理上，而是从哲学上探求未发已发，以致引发出他的整个心性的理论体系；不是通过未发功夫获得神秘体验，而是使未发功夫作为收敛身心的主体修养。所谓涵养进学、主敬致知的为学大旨，实际上表明朱子离开了道南的本来方向而转到程伊川的理性主义轨道。

四、理学对于神秘主义的批评

由前所述可见，宋明理学中关于神秘体验的记述确乎不少，而以神秘体验为功夫的理学家多属心学一路。宋明时代的朱学则一直从理性主义和严肃笃实的律己修养方面批评心学的神秘主义倾向。

朱子因学过禅，对神秘体验有相当了解。他批评陆学近禅："如禅家干屎橛等语，其上更无意义，又不得别思义理，将此心都禁遏定，久久忽自有明快处。……今近溪学问真正是禅。"①又说:"如陆子静门人,初见他时常云有所悟,后来所为却更颠倒错乱,看来所谓豁然顿悟者乃是当时略有所见,觉得果是净洁快活,然稍久则却渐渐淡去了,何尝依靠得?"②朱子所否定的不是此种体验的实在性,而是它对道德提高的可靠性。他认为,一旦获得某种体验之后,便以为从此本心发明,一切思虑全是本心发见,这正是陆门弟子狂妄颠倒的根由。

被容肇祖先生称为"朱学后劲"的罗钦顺曾自述早年学佛经功:

> 昔官京师,偶逢一老僧,漫问何由成佛,渠亦漫举禅语为答云:"佛在庭前柏树子。"愚意其必有所谓,为之精思达旦,揽衣将起,则恍然而悟,不觉流汗通体。既而得禅家《证道歌》一编读之,如合符节。自以为至奇至妙,天下之理莫或加焉。③

罗钦顺是由参话头下手,与静默内观略有不同,但所得神秘体验是一样的。后来他返归程朱,认识到向来所悟不过"出于灵觉之妙","执灵觉以为至道谓非禅学而何",由此批评陆象山杨慈湖"眩于光景之奇特,而忽于义理之精微",又批评陈白沙"今乃欲于静中养出端倪,既一味静坐,事物不交,善端

---

① 《语类》卷一二四。
② 《语类》卷一一四。
③ 《困知记》卷下。

何缘发见？遏伏之久，或者忽然有见，不过虚灵之光景耳"。①
这是认为，神秘体验实际上不过是心（虚灵）的一种幻觉、幻
象（光景）罢了，不可以执为大道。

罗钦顺现身说法，有很强的说服力。其实，无此种体验
经历的朱学家也大都能辨明此点。如罗钦顺之前胡居仁（敬
斋）曾指出："释氏是认精魂为性，专一守此，以此为超脱轮
回，陈公甫说物有尽而我无尽，亦是此意。……朱子谓其只
是'作弄精神'，此真见他所造只是如此模样。缘他当初只是
去习静坐、屏思虑，静久了，精神光彩，其中了无一物，遂
以为真空。"②胡居仁还指出，儒者若不穷理格物，只是略窥本
原，便轻言"天地万物本吾一体"，其结果只是"与道为二"。
可见他也深知此种体验不过是"作弄精神"而已。

吕泾野门人杨天游曾拈出"功夫即本体"，开刘蕺山、黄
梨洲先河。他尝批评当时学者"不能实意致中和、戒惧乎不睹
不闻，乃欲悬空去看一个未发气象。不能实意学孔颜之学，
乃欲悬空去寻孔颜之乐处"。这是指责心学把"未发功夫"和
"孔颜乐处"全变成神秘体验。他还特别指出："静坐者，或流
于禅定；操存者，或误于调息；主敬者，或妄以为惺惺；格
物穷理者，或自溺于圆觉；存心养性者，或陷于即心见性。"③
明代王学正是全面引入了禅定、调息、明心见性的体验方法，

---

① 《困知记》卷下。

② 《明儒学案》卷二，四二页。

③ 《明儒学案》卷八，一五七页。

其目的为成儒家圣贤而已。王时槐(南塘)"尝究心禅学，故于弥近理而乱真之处，剖判得出"，其《语录》云："后儒误以情识为心体，于情识上安排布置，欲求其安定纯净而竟不能也。假使能之，亦不过守一意见，执一光景，强做主张，以为有所得矣，而终非此心本色。"①可知王门中亦有批评此种"玩弄光景"的人在。更如黄梨洲一部《明儒学案》，随处加以批评，如论浙中王门时云："其时同门诸君子单以流行为本体，玩弄光景。"②其述罗近溪之学时云："学人不省，妄以澄然湛然为心之本体，沉滞胸膈，留恋光景。"③都是批评以神秘体验为本体。

杨时乔号止斋，梨洲论其学最近于罗整庵。杨时乔论神秘体验尤明白：

> 近有绝不闻道，只得禅宗，指人心血气虚处为善，灵处为知识。……敛目反观，血气凝聚，灵处生照，即识觉，即见地，即彻悟，即知至。④

> 数十年来，忽有为心学者，于佛氏尝即心而见其血气凝定、虚灵生慧、洞彻无际者，名之曰善知识，自称上乘，遂据之为孔门所语上，而蔑视下学

---

① 《明儒学案》卷二〇，四八五页。
② 《明儒学案》卷一三，二七二页。
③ 《明儒学案》卷三四，七六二页。
④ 《明儒学案》卷四二，一〇二八页。

之教为外求。①

> 乃佛氏即心而见其血气凝定、虚灵生慧、洞彻
> 无际者，析言之，虚灵之谓知，生慧之谓觉，洞彻
> 无际之谓悟；合言之，知觉悟者，乃敛耳目，聚精
> 神，间所见腔子内一段莹然光景之名，其实亦
> 一也。②

他把佛教和心学的体验概括为"敛目反观""血气凝定""虚灵生慧（照）""洞彻本真（或无际）"。洞彻本真是内向的本心体验，洞彻无际是外向的宇宙浑一，而究其实都是"腔子内一段莹然光景"，即生理心理的自然反应（光景即 mental imagination）而已。

五、结语

心学的神秘体验可以追溯到孟子。孟子说："万物皆备于我矣，反身而诚，乐莫大焉。"万物究竟何以可能皆备于我，不但在当代的学术界常常争论不休，即在宋明时期也是如此，程朱所以要把"万物"解为"万物之理"，正是表明孟子这一命题带给理性主义哲学家的困惑。根据本文以上所述，从神秘

---

① 《明儒学案》，一〇三〇页。
② 《明儒学案》，一〇三二页。

体验的角度，孟子的话不仅是完全可以理解的，而且它作为一种源头，很大程度上规定了后来儒学体验的内容和解释。且不说陆象山、杨慈湖颇为张皇的叙述，陈白沙"天地我立，万化我出，而宇宙在我"，聂双江"此心真体，光明莹彻，万物皆备"，胡直"洞见天地万物，皆吾心体"，蒋信"洞然宇宙，浑属一身"等等，叙述的都是同一类型的体验。"反身而诚"虽语焉不详，但其为"内观"大体是不错的。孟子的"善养浩然之气"与调息有相通之处，当亦可肯定。而"乐莫大焉"正表明一切神秘体验通常具有的愉悦感。这样的解释从以上所了解的儒学神秘体验的一般特征来看，当不是牵强附会的。

儒学的神秘体验，其基本特征可以概述如下：（一）自我与万物为一体；（二）宇宙与心灵合一，或宇宙万物都在心中；（三）所谓"心体"（即纯粹意识）的呈现；（四）一切差别的消失，时间空间的超越；（五）突发的顿悟；（六）高度的兴奋、愉悦，以及强烈的心灵震撼与生理反应（通体汗流）。这些特征与比较宗教学家研究的各种宗教中的神秘体验基本一致。

把神秘体验分为内外两种，不始于史泰思，许多学者以不同的术语做过类似的区分。如鲁道夫·奥托（Rudolf Otto）把神秘主义分为 inward way 和 outward way；艾夫令·安德希尔（Evelyn Underhill）则以 introversion 和 extroversion 分别二者。两种神秘体验的差别也许并没有在理论上分梳得那么清晰或确定，其基本的差异是，内向神秘体验的内容是本心，外向神秘体验的内容是宇宙。儒学的神秘体验大致上也可以分为两种，外向体验以"仁者以天地万物为一体"为代表，而内向体验似可分为"宇宙便是吾心"和"心体呈露"两类。儒学实现神秘体验的基本方法是静坐，也就是"澄默而内观""归寂以通感"。

"心体呈露"，对佛教禅宗来说并不陌生(可以参看铃木大拙的说法)。当人排除了一切思想、情感、欲望和对外部世界的感觉等等，剩下的还有什么？只能是纯粹的意识本身。这本身是一个悖反(paradox)，神秘体验是某种确实的经验，可是这个经验又没有确定的内容。它是意识，但是没有任何内容的意识。西方人叫它作纯粹意识(pure consciousness)或纯粹自我(pure ego)，中国古人叫它作"心体""此心真体""心之本体"。"纯粹"指它没有任何经验的内容，也不是黑格尔哲学作为思辨产物的单纯、无规定的统一。

"宇宙便是吾心，吾心即是宇宙"比"心体呈露"多一转手。在印度教体验中，人不仅体验到纯粹意识本身，而且感到超越主体与客体的界限，纯粹自我与"婆罗门"成为同一，也即个体小我与作为宇宙终极实在的宇宙大我(universal or cosmic self)成为同一。[①]

史泰思曾强调无差别的单纯性是内向体验的本质，并认为所谓"空""无""纯粹意识"都是 one or oneness 的不同说法。此说有见于同，未见其异。实际上，采取同样的静坐冥想的方法，会获得不同的体验，这在很大程度上取决于主体的潜

---

① 参看 W. T. Stace: *Mysticism and Philosophy*, pp. 86 – 90。

意识，即体验者为体验所规定的目的。在同样或类似的修持下，基督徒体验的可能是与神同体，而理学家体验的则是与物同体，佛教徒体验的是"空"，心学家体验的则是"本心"。由此实现的境界也各不相同。因此，虽然在二氏的影响下，儒学自身容纳了一个神秘主义传统，但把陆学或王学称为"禅"却在根本上是错误的。因为无论从动机或结果来说，心学的神秘体验追求的并不是灵魂、空无或最高存在，而是一种精神境界。

冯友兰先生早曾提出程颢为宋明心学之开创者，但他的立论基本上是从是否区分"形而上"与"形而下"着眼，这一点是否成立也还值得研究。从本文所论来看，程颢的思想及修养方法确与后来心学的发展有关联。撇开此点不论，很明显，以孟学标榜的宋明心学的发展，容纳了一个神秘主义传统。神秘体验不但是这一派超凡入圣的基本路径或工夫之一，而且为这一派的哲学提供了一个心理经验的基础。但是，心理体验有极大的偶发性，它不能通过普遍的规范加以传授，必须经由个体的独自体认，且须较长时间的修养锻炼。因而，与鹤翔庄气功的自发功不同，它不是一般人经由遵循简单规范的训练便可掌握。相反来看，这种体验并不能长久保持，有的持续很短，而一旦失去后又很难重新获得（如胡直）。这样，这种内心体验作为道德修养的一种方式，其普遍有效性和可靠性就成为疑问，尽管有些人能于此下手终身受用。特别是这种神秘体验主要是一种主观的心理现象，并不表明体验者把握到了真正的客观的实在。正如中世纪许多守贞女子向慕耶稣而有邂逅拥抱的经验，但这种经验却非事实。现代心理学家利用催眠术和服用药剂，也可以达到神秘体验之境。这都表明，在科学发展的今天，我们必须以完全清醒的理性来审视儒学的神秘体验。

毫无疑问，从孟子到陆、王，突出道德主体性、良心自觉，为儒学做出了巨大贡献。但他们具有形上意义的命题"万物皆备于我""仁者以天地万物为一体""宇宙便是吾心，吾心即是宇宙""心外无物"等，都与神秘体验相联系。对于心学，我们可以问，致良知、知行合一、扩充四端、辨志、尽心，这些道德实践一定需要"万物皆备于我""吾心即是宇宙"作为基础吗？一定需要"心体呈露""光明莹彻"的经验吗？换言之，没有诸种神秘体验，我们能不能建立儒家主张的道德主体性，能不能建立儒家的形而上学？这对儒学古今的理性派来说，当然是肯定的。如果我们重建中国的"哲学"，这是一个方向。而在近代心学中，熊十力哲学已经以一种完全不依赖神秘体验的全新方式建立了自己的本体论。

从哲学史上看，孟、陆、王一派的体验之学，提供了一种有别于西方哲学的特殊形态。它既不是所谓"主观唯心主义"，也不是什么"唯我主义"。牟宗三先生曾提出过用"境界形上学"界说老子①，其说甚好。仿此，我们可以说心学是一

① 牟宗三：《中国哲学十九讲》，上海古籍出版社，一九九七年。

165

种"体验的形上学"。体验或体悟本是人类思想活动的一种方式，神秘体验不过是人类体验中极端的一种，而张岱年师亦早曾指出重了悟体证乃中国哲学的特色之一①，神秘体验则将这种特色表明至极。这种典范，正如中国美学一样，前代的哲人用文字记述和表达的常常是自己的体验所得，后来的学者不仅要通过这些文字而且要通过个人的实践来重复这种内在体验，以期达到一种精神境界。因而它并不是要"反映""客观世界"，而是要"表现"自己的"主观世界"②，这是中国文化与中国哲学的一个特点，只是在此未能详论。中国美学当然不都是表现，正如中国哲学不都是体验，只是说这一体验的充分发展构成了这一文化的特色之一。

神秘体验的问题牵涉到许多问题，如与哲学上一般的直觉与体悟的关系③，与思想史上反智识主义的关系④，都可做更进一步的研究。而本文的主要任务已经完成，也就可以即此住笔了。

一九八七年二月成稿于麻州康桥

（原载《文化：中国与世界》第五辑，三联书店，一九八八年）

---

① 张岱年：《中国哲学大纲》，中国社会科学出版社，一九八二年。

② 参见李泽厚《中国美学史》第一卷。

③ 参看杜维明有关论文，如 *Human and Self-Cultivation*，p. 162。

④ 参看余英时《历史与思想》，台北，联经出版社，一九七六年，九六页。

王阳明与阳明洞

——王阳明越城活动考

王阳明名守仁，字伯安，浙江人，以其曾筑室阳明洞讲学，故自号"阳明子"，学者咸称"阳明先生"，此史传志谱之通说也。然"阳明洞"究在何处，阳明是否曾讲学洞中，有清以来，似成疑问。清人毛奇龄大可，浙之萧山县人，曾为史官。旧例史官入馆先须搜集本乡大臣事迹，写具草本，供同官作传依据，故毛氏曾作《王文成传本》，叙述王阳明一生行止，且于旧说多所辨析，号称征信，其于阳明洞一说，特加意焉：

　　　　公晚爱会稽山阳明洞，因号阳明子。按会稽山即苗山，并无洞壑。凡禹井、禹穴、阳明洞类，只是石罅，并无托足处。旧诬以道人授书洞中，固大妄。今作传者且曰"讲学阳明洞"，则妄极矣。①

----

① 《王文成传本》卷上。

169

依毛氏按语，阳明洞为会稽山一石罅之名，非有洞穴，以此断定传谱所说守仁讲学于阳明洞，全为虚妄。毛之家乡萧山距会稽山不过数十里，毛氏或曾亲至会稽访察，其言当有可信者在。然毛氏之前，明人所作《王阳明先生出身靖乱录（上）》（以下简称《靖乱录》）于阳明洞另有一说：

> 弘治十五年……遂告病归余姚，筑室于四明山之阳明洞。洞在四明山之阳，故曰阳明。山高一万八千丈，周二百一十里。

据《靖乱录》此说，阳明洞不在会稽山，乃在余姚之四明山，认定"阳明"之名取意四明之阳。四明、会稽两山相距两百余里，故二说不能皆是。近世学者所取不同，以会稽为说者有之，依四明之说者亦有之，然皆未尝详考。日本学者中不特早年高濑武次郎之《王阳明详传》依《靖乱录》为说，近年一些阳明学著作仍依四明说。《阳明学大系》之阳明传虽录毛奇龄语，然于此未置一断语。而明觉如杜维明教授，在其《王阳明青年时代》一书中亦疑毛氏会稽说为非是。其根据是，阳明家居余姚，四明在余姚境内，而会稽远在余姚以东两百里许（中间尚隔一上虞县），阳明自当在其家乡附近结庐。这个推论在逻辑上是十分有力的。但是，如果如本文以下所考证的，阳明青年时即已迁离余姚，则四明之说即难成立。①

由此可见，阳明洞问题尚未完全解决，其中涉及：阳明洞究竟在何处？阳明洞的"阳明"一名由来如何？阳明是否始终居余姚，其在浙之学术活动主要在什么地方？本文即欲略事考察，以梳明之。

一、越城

其实，这些问题，阳明门人钱德洪等所纂《阳明先生年谱》本来说得很清楚：

> 先生讳守仁，字伯安，姓王氏。其先出于晋光禄大夫览之裔，本琅玡人，至曾孙右将军羲之徙居山阴。又二十三世迪功郎寿自达溪徙余姚，今遂为余姚人。……（先生）父讳华，字德辉，别号实菴，晚称海日翁，尝读书龙泉山中，又称龙山公。成化辛丑赐进士及第第一人，仕至南京吏部尚书，进封新建伯。龙山公常思山阴山水佳丽，又为先世故居，复自余姚徙越城之光相坊居之。先生尝筑室阳明洞，洞距越城东南二十里，学者咸称阳明先生。②

---

① 见 *Neo-Confucian Thought in Action*，p. 62，California，1976.
② 四部备要本《阳明全书》卷三二。以下所引《阳明全书》皆据四部备要本，不再注明。

据《阳明先生年谱》，阳明之父王华因爱山阴山水，生时已迁家至山阴（越城）。按"越城"一名在当时广义上应指包括山阴县城、会稽县城在内的绍兴府城。山阴、会稽为邻县，两县县城在同一大城之中，即古山阴大城，隋唐时为越州，南宋时始改绍兴之名。绍兴府城的东西两部分分别为会稽县城和山阴县城。所以实际上绍兴府署、山阴县署、会稽县署当时都在同一大城之中，统称越城（即今浙江绍兴）。但越城之名浙省以外人士多所不知，加以年代久远，致今之学者多视"越城"二字于不见，而歧说生焉。钱德洪为阳明门下高弟，阳明平濠归越，来学者甚众，阳明皆令先从钱德洪与王龙溪学，后阳明征思田，亦将家事以书院托付钱王，故其说当无可疑。

《阳明先生年谱》乙酉条："十月立阳明书院于越城。书院在越城西郭门内光相桥之东。"①西郭门乃绍兴府城西门（亦即山阴城之西门），光相桥在山阴治西三里，即在阳明所居之光相坊前②，王阳明自作《稽山书院尊经阁记》中云："越城旧有稽山书院，在卧龙西冈，荒废已久，郡守南大吉既敷政于民，则慨然悼末学之支离，将进之以圣贤之道，于是使山阴令吴君瀛拓书院而一新之。"③南大吉嘉靖初为绍兴守，从阳明问

---

①　《阳明全书》卷三四，据《嘉庆山阴县志》。
②　见《嘉庆山阴县志》卷五。
③　《阳明全书》卷七。

学。《山阴志》："卧龙山在县治后，旧名种山。"①卧龙山乃山阴城内一小山，在山阴县署后，稽山书院在其西侧，《山阴志》有附图。此皆可见阳明及其弟子所说的越城即指山阴城（亦即绍兴府城）。盖山阴乃古越之地，后越州府城又在此，故有此称。

据《康熙绍兴府志》："山阴县附府城，府治在县境内。"②"会稽县亦附府城，去府百有三步。"③"府城内四隅，西二隅隶山阴，东二隅隶会稽。"④《嘉庆山阴县志》："县附廓东至会稽县治二里（运河中分为界）。"⑤《康熙会稽县志》亦云："府城即古山阴大城，范蠡所筑，唐末分运河为界以东之城属会稽。"⑥由此可知，古越山阴大城，自唐末一分为二，以城中运河为界，西为山阴县城，东为会稽县城，而后来的绍兴府行政单位都在山阴城中。城南二十里即阳明常游的天柱、南镇、会稽诸山⑦，这就是何以阳明会结庐会稽山中讲学的缘故。

二、光相坊

《阳明先生年谱》云王华迁居至越城之"光相坊"，查余姚、

---

① 《嘉庆山阴县志》卷三。
② 《康熙绍兴府志》卷一。
③ 《康熙绍兴府志》卷一。
④ 《康熙绍兴府志》卷一。
⑤ 《嘉庆山阴县志》卷二。
⑥ 《康熙会稽县志》卷二。
⑦ 《雍正山阴县志》卷一。

会稽志皆无光相坊，唯《康熙山阴县志》谓山阴县城内西北隅有"西光相坊""东光相坊"①。关于阳明一家迁居山阴，《嘉庆山阴县志》载：

> 守仁本山阴人，迁居余姚，后仍还本籍，其故居在山阴东光坊谢公桥之后，祠亦在焉。②

> 王守仁字伯安，本籍山阴，迁居余姚，后复还山阴。吏部尚书王华之子，尝筑室会稽县南阳明洞，故自号阳明。③

> 世皆知文成公为余姚人，越中人士则知公已迁居山阴。读马方伯《如龙碑记》，又知公世居山阴，后徙姚江。然公之不忘山阴，即营邱反葬之谊。碑记又云其里居旧有专祠，太守李君修之，是今之东光坊即公旧第。④

由上可知，山阴城内西北部的"东光相坊"即阳明旧居，阳明祠在东西光相坊之间，乃康熙初绍兴守李铎所重修。正如《嘉庆山阴县志》所说，世皆知阳明为余姚人，但正嘉时人皆知阳明已迁居山阴。阳明生时最亲密的朋友黄绾当时在《明

---

① 《康熙山阴县志》卷一。
② 《嘉庆山阴县志》卷首·皇言。
③ 《嘉庆山阴县志》卷一四。
④ 《嘉庆山阴县志》卷二一。

军功以励忠勤疏》中曾明确说到，当宸濠之乱时，"守仁家于浙之山阴"①。所以嘉靖元年王华死，次年葬于天柱峰，距越城二十里。嘉靖七年冬阳明卒，次年葬于山阴之洪溪。《阳明先生年谱》谓"洪溪去越城三十里，入兰亭五里，先生所亲择也"②。黄绾《阳明先生行状》谓葬于洪溪之高村③，程辉《丧纪》亦言葬于越城南三十里之高村④，以此观之，世皆以姚江称守仁，亦不全面。

三、阳明洞

既然王华已将家迁至山阴，守仁不在余姚之四明山而在越城之会稽山结庐讲学就是十分自然的了。据《年谱》，阳明洞"距越城东南二十里"。据《余姚志》，四明山在余姚"城南一百一十里，高一万八千丈，周围二百一十里"⑤。四明山中未有以"阳明"名洞者，余姚境内其他山峰亦无阳明洞。而且，若以阳明洞在四明，至少与《阳明先生年谱》"城南二十里"之说相悖。而《山阴志》明载："会稽山在县东南十三里。"与《阳明先生年谱》之说相合。

《康熙会稽县志》载：

① 《阳明全书》卷三八。

② 《阳明全书》卷三四。

③ 《阳明全书》卷三七。

④ 《阳明全书》卷三七。

⑤ 《乾隆余姚县志》卷三。

〔阳明洞〕洞是一巨石，中有罅，在会稽山龙瑞宫旁。旧经三十六洞天之第十一洞天也。龟山白玉经：会稽山周回三百五十里，名阳明洞天，仙圣人都会之所。据此，阳明洞天不止龙瑞宫之一石矣。……其后王文成为刑部主事时以告归结庐洞侧，默坐三年，了悟心性，今故址犹存。其谪居龙场也，尝名其洞为小阳明洞天，以寄思云。①

《康熙绍兴府志》载：

会稽阳明洞，在宛委山，洞是一巨石，中有罅，……名飞来石，上有唐宋名贤题名，洞或称禹穴。②

据此可知，会稽山确有所谓"阳明洞"，如毛奇龄所说，阳明洞并非一大洞穴，乃是一有罅巨石。唯一说在会稽山，一说在宛委山，但据《康熙会稽县志》"南镇会稽山"下所注："山与宛委相接，宛委山即禹穴，号阳明洞天。"③会稽山为诸山通称，宛委是其中一座，故其间不辨亦可。"阳明洞天"之名出自《道经》，自唐代已有(元稹有《咏阳明洞天五十韵》)，本指会稽山一带。"阳明洞"之说疑里人多不解"洞天"之意，径呼

① 《康熙会稽县志》卷四。
② 《康熙绍兴府志》卷六。
③ 《康熙会稽县志》卷三。

为"阳明洞"，或径以"阳明洞"称禹穴。此二名皆在守仁之前即有之。又据《会稽志》，会稽山一名茅山，一名苗山，一名涂山(毛奇龄亦谓即苗山)，在县东南一十三里，宛委山在县东南一十五里。传说大禹至会稽死，因葬于此，上有孔穴，故称禹穴。《嘉庆山阴县志》载：

> 会稽山在县东南一十三里。……山下有禹庙。……山上有禹冢。山东有石矻，去庙七里，深不见底，谓之禹井，东游者多探其穴。一名苗山，一名涂山，其支山为云门山，其东接宛委、秦望、天柱诸山。①

禹穴亦王阳明游学之处，见于《传习录》所载。禹穴自唐时人已异说纷纭，里人以阳明洞为禹穴②，无论如何，在会稽山无疑。会稽山又称南镇，阳明观花即在此。镇者，岳也。禹定九州，大会诸侯，封其高山为州之镇，扬州之会稽山为南镇。唐时封四镇山为公，南镇为永兴公。阳明所游即在永兴公祠附近。

据上所说，明人用"阳明洞"一语约有三义：一径指会稽山(越城东南十五华里左右，在会稽县境)一巨石，上有长鳢，《会稽志》所说"结庐洞侧"即此意，非谓在一洞穴之中。二以

---

① 《嘉庆山阴县志》卷三。
② 《康熙会稽县志》卷三。

177

"阳明洞"为"阳明洞天"之简称，此在里人尤为自然。故王门弟子述阳明"讲学阳明洞"乃谓其讲学于阳明洞附近，或讲学于阳明洞天之中，非谓筑室洞穴中也。盖会稽山一带皆为"阳明洞天"，在道家经典中列为第十一洞天。三亦有人直称会稽山为阳明山，故阳明友人顾璘(东桥)曾有《游阳明山诗》：

> 洞道横遮松柏林，紫泥遥护洞天深。
>
> 香炉绝顶应须到，石伞遗铭尚可寻。
>
> 禹穴久疑神圣迹，秦碑堪痛霸王心。
>
> 往来身外无穷事，不及当歌酒满斟。[1]

洞天自指阳明洞，香炉、石伞为会稽山两峰，秦碑指宛委峰李斯碑，可见他是把会稽山称作阳明山的，故由此亦可说王守仁讲学阳明山中。以上所说三义，皆指阳明门人弟子及同时友人，阳明晚年居山阴，弟子来学成百计，阳明山近在咫尺，隔日必往游之，洞中之不可入皆必知之。后人之传讹虽或有之，然不应如毛氏以"妄极"指斥钱德洪辈，观书不可泥古人语，故"讲学阳明洞"之说未即为非也。

四、结庐洞天

阳明迁居山阴，方志载附近乃阳明洞，现在我们要以王

---

[1] 顾璘：《息园存稿》诗十二。

178

阳明自己的材料证明此阳明洞确系阳明结庐之处。

《阳明先生年谱》弘治十五年壬戌条：

> 告病归越，筑室阳明洞中，行导引之术，久之
> 遂先知。一日坐洞中，友人王思舆等四人来访，方
> 出五云门，先生即命仆迎之，且历语其来迹。遇诸
> 途，与语，合众惊异，以为得道。①

王思舆，山阴人。考《绍兴府志》，府城之正东门即"五云门"，
《山阴志》《会稽志》亦云然，可知此处归越之"越"实即越城，
阳明结庐其侧的确是五云门外二十里的会稽山阳明洞。

王阳明正德壬申（四十一岁）答王纯甫书云：

> 甘泉近有书来，已卜居萧山之湘湖，去阳明洞
> 方数十里耳。②

湘湖在萧山县治西二里③，而山阴与萧山为邻县，山阴城西去
萧山城仅五十余里④。此亦可证明会稽之阳明洞即王阳明涵泳
讲学之所无疑。

既然阳明洞在会稽，"阳明"即非取自四明之阳无可疑矣。
王守仁以"阳明"为号当取自"阳明洞天"。钱德洪《阳明先生

---

① 《阳明全书》卷三二。
② 《阳明全书》卷四。
③ 《康熙萧山县志》卷五。
④ 《乾隆山阴县志》卷二。

年谱·序》云："吾师阳明先生出，少有志于圣人之学，求之宋儒不得，穷思物理，卒遇危疾，乃筑室阳明洞天，为养生之术。"①《年谱》为钱德洪所作，可知《年谱》所谓讲学筑室阳明洞(中)非真谓在洞穴之中，盖德洪于《年谱·序》已明言结庐阳明洞天矣。"洞天"之名，阳明本人自是熟知，《阳明全书》卷一九龙场诗有"始得东洞，遂为阳明小洞天三首"，卷二九有"夏日邀阳明小洞天，喜诸生偕集"诗，后在江西亦有阳明别洞诗五首，皆其证明。嘉靖元年阳明之父王华死，王华门人陆深为作《行状》有云：

> 正德壬申秋，以使事之余，迂道拜先生(王华)于龙山里第。扁舟载酒，相与游南镇诸山，乃休于阳明洞天之下，执手命之曰：此吾儿(指王守仁)之志也。②

这不但说明正德时王华已居山阴，且王华明言守仁"阳明"之号取自"阳明洞天"，点明王阳明的志向始终在结庐山间，与学徒讲明此学。阳明读易诗亦云："箪瓢有余乐，此意良非矫。幽哉阳明麓，可以忘吾老。"③其送叔父归诗"何时却返阳明洞，梦月松风扫石眠"，祭徐爱文中他也说，其志"早归阳

---

① 《阳明全书》卷三六。
② 《阳明全书》卷三七。
③ 《阳明全书》卷一九。

明之麓与二三子讲明斯道以诚身淑后"。①

五、山阴讲学

阳明何时迁居山阴，筑室阳明洞天，他在山阴前后讲学活动如何，须进一步加以说明。

《阳明先生年谱》所录在山阴活动最早者为弘治十五年壬戌"告病归越，筑室阳明洞"②，时三十一岁。山阴、会稽志亦以为守仁任刑部主事时(弘治十三年除刑部主事，十七年改兵部)结庐阳明洞侧。弘治十六年癸亥阳明从佟太守所请，在南镇祈雨③。故可断定至少在阳明三十一岁时已迁至山阴，《阳明全书》的其他材料也支持这一点，如阳明《罗履素诗集序》作于弘治十五年壬戌，文中即自称"阳明子"④，所以毛奇龄说阳明"晚爱会稽山阳明洞，因号阳明子"是不正确的。

阳明一家是否可能在弘治壬戌以前迁至山阴呢？没有直接的材料可以证明这一点。据《年谱》，阳明成化八年生于余姚县瑞云楼，钱德洪《瑞云楼记》："瑞云楼者，吾师阳明先生降辰之地，楼居余姚龙山之北麓。……弘治丙辰某亦生于此

---

① 《阳明全书》卷二五。

② 《阳明全书》卷三二。

③ 《阳明全书》卷二一《与佟太守书》，及卷二五《南镇祈雨文》。

④ 《阳明全书》卷二二。

楼。"①丙辰阳明二十五岁，湛若水亦曾有瑞云楼记文②，言阳明之父王华未第时尝居是楼，成化十七年阳明十岁时王华举进士，次年阳明随祖父至京师居住，故十一岁以前阳明居余姚自无可疑。《年谱》又云阳明十七岁时自京至江西娶亲，次年冬返乡余姚，再次年阳明祖父死，王华归余姚守丧，这期间王华不可能迁居。至服除弘治癸丑，阳明已二十二岁。弘治九年丙辰阳明会试不第，"归余姚结诗社"，时二十五岁。此后我们就没有材料证明阳明仍居余姚了。而正是丙辰这一年钱德洪生于王家原居的瑞云楼，何以如此，是否此年王家迁越，无由得知。按照《年谱》，弘治十年至十五年（阳明二十六至三十岁）阳明皆寓京师，但这不排除王华在此期间将家迁至山阴，《年谱》于此五年间所录甚略，使人不能无疑。有材料表明，阳明此数年间并非皆寓于京师，阳明晚年与董梦石宿云门僧舍诗序云："嘉靖甲申冬二十一日再登秦望，自弘治戊午登后，二十七年矣。"③据此阳明曾于弘治戊午二十七岁时登秦望山，秦望山在宛委山南，亦在会稽境内，这似乎表明，阳明二十七岁时其家即已迁至山阴城。

从弘治壬戌养病阳明洞以后，阳明大部分时间都在外任为官，但至少有四次归越。第一次是赴谪龙场之前即三十六岁时，《年谱》只言此年在越，未言是否居山阴，诗文亦无可

---

① 《乾隆余姚县志》卷五。

② 《万历余姚县志》。

③ 《阳明全书》卷二〇。

考。然阳明本意是赴谪途中省亲，王华虽时在南京，祖母岑氏在越，必无不省之理。

　　第二次四十二岁时因升南京太仆寺少卿由京师便道归省至越。《年谱》载："二月至越，先生初计至家即与徐爱同游台荡，宗族亲友绊弗能行。五月终与爱数友期候黄绾不至，乃从上虞入四明，观白水寻龙溪之源，登杖锡至雪窦，上千丈岩以望天姥华顶，欲从奉北取道赤城，适久旱山田尽龟坼，惨然不乐，遂自宁波还余姚。"①这后一句"自宁波还余姚"并不是指阳明此时家仍在余姚。因为据引文，阳明还家后等候黄绾来同游天台、雁荡，但等了三个月黄绾仍未来，于是从上虞入四明山。四明山在余姚境内，在城之南，若阳明家居余姚，则完全无须走上虞。若经西邻的上虞，正是南辕而北辙。上虞在山阴、余姚之间。正因为阳明家居山阴，从山阴走四明，必经上虞，此所以有"从上虞入四明"之说也。所谓还余姚者，一来自宁波归山阴必先经余姚，二来阳明家族人多在余姚，正好便道省视。

　　第三次归越是四十五岁时因升都察院左佥都御史巡抚南赣汀漳时归省，《年谱》此年录："王思舆语季本曰：阳明此行必立事功。"②王思舆，山阴人，即曾出五云门访阳明者，故阳明此次归省亦必曾还山阴，唯时间颇短。

　　第四次是正德十六年辛巳，平宸濠之乱后，八月归省至

---

①　《阳明全书》卷三二。
②　《阳明全书》卷三二。

越，时年五十岁。此后直至五十六岁起征思田，阳明一直在越。《传习录》下记载：

> 先生归越时，朋友踪迹尚寥落，既后四方来游者日进。癸未年后，环先生而居者比屋，如天妃、光相诸刹，每当一室常合食者数十人。夜无卧处，更相就席，歌声彻昏旦。南镇、禹穴、阳明洞诸山，远近寺刹，徒足所到，无非同志游寓所在。①

《年谱》亦云：

> 先是师在越，四方同门来游日众，能仁、光相、至大、天妃各寺院居不能容。同门王艮、何秦等乃谋建楼居斋舍于至大寺左，以居来学。②

癸未乃嘉靖二年，阳明归越之次年，时五十一岁，据《山阴志》，天妃庙在光相桥西，光相寺在山阴城内之西北隅，大能仁寺在县南二里，小能仁寺在县西北三里，至大教寺在县北五里。③ 所说诸寺皆在越城中或附近。南镇、禹穴、阳明洞诸山皆在会稽境，距城约二十里。阳明晚年居越时主要活动皆在越城一带。如《传习录》下多为居越时录：

---

① 《阳明全书》卷三。
② 《阳明全书》卷三五。
③ 皆见《康熙山阴县志》卷一五。

先生一日出游禹穴，顾田间禾，曰：能几何时又如此长了……

先生游南镇，一友指岩中花树问曰："天下无心外之物，如此花树在深山中自开自落，于我心亦何相关？"

癸未春，邹谦之来越问学，先生送别于浮峰，是夕与希渊诸友移舟宿延寿寺。①

《山阴志》载："牛头山在县西六十五里，……王守仁改名浮峰。"延寿寺亦在县西。② 王阳明《从吾道人记》：

嘉靖甲申春，梦石来游会稽，……入而强纳拜焉。阳明子因辞不获，则许之以师友之间，与之探禹穴、登炉峰、陟秦望、寻兰亭之遗迹，徜徉于云门若耶鉴湖剡曲。③

若耶溪在会稽县城东南三十里，镜湖在县西南二里④，所说诸处皆山阴、会稽胜景，嘉靖甲申阳明五十二岁。

阳明死后，门人魏良器有祭文，中云：

---

① 《阳明全书》卷三。

② 《嘉庆山阴县志》卷三。

③ 《阳明全书》卷七。

④ 《康熙会稽县志》卷四。

壬癸甲乙之岁，坐春风于会稽，先生携某于阳明之麓，放舟于若耶之溪，徘徊晨夕，以砭其愚而指其迷，已而已而，今不可得而复矣，呜呼。①

这更明确说明，嘉靖元年至四年（即壬午癸未甲申乙酉）阳明居山阴，讲学于会稽山中。阳明平濠归越后，除辛巳九月、乙酉九月两次归余姚省祖墓外，家居及讲学都在越城，已无可疑。嘉靖丁亥阳明起征思田，戊子冬临终前不久与学徒书亦云："诸友皆不必相候于道路，果有山阴之兴，即须早鼓钱塘之舵"，又说已上养病疏，"纵未曾遂归田之愿，亦必得一还阳明洞"。②亦指明晚年居于山阴。

总而言之，《靖乱录》一书，其说虽多本于《年谱》，然生枝蔓叶，未免小说习气。如其书以徐爱与徐曰仁为二人，以阳明祖父竹轩公卒于京师，谓阳明赴谪途中见娄一斋，皆臆言耳。其阳明洞在四明之说，更为大误。至于毛奇龄责钱德洪辈为妄极，亦为非是，其对阳明是否结庐会稽山中讲学未加肯定，亦可怪也。今据上考，山阴、会稽为阳明在浙的主要讲学活动所在，会稽山之阳明洞即阳明结庐其侧所在，皆已无可疑。

（原载《孔子研究》，一九八八年第一期）

---

① 《阳明全书》卷三七。
② 《阳明全书》卷三四。

图书在版编目（CIP）数据

宋明儒学论／陈来著. — 西安：陕西人民出版社，
2022.9
ISBN 978-7-224-14480-2

Ⅰ. ①宋… Ⅱ. ①陈… Ⅲ. ①儒学—研究—中国—宋
代②儒学-研究-中国-明代 Ⅳ. ①B222.05

中国版本图书馆 CIP 数据核字（2022）第 045324 号

著作权合同登记号　　图字：25-2022-098

本书中文简体字版本由三联书店（香港）有限公司授权陕西人民出版社在
中国内地独家出版、发行。

出　品　人：赵小峰
总　策　划：刘景巍
策划编辑：王颖华
责任编辑：王颖华
封面设计：姚肖朋
版式设计：白明娟

宋明儒学论

作　　　者　陈　来
出版发行　陕西新华出版传媒集团　陕西人民出版社
　　　　　　（西安市北大街 147 号　邮编：710003）
印　　　刷　陕西龙山海天艺术印务有限公司
开　　　本　787 毫米×1092 毫米　32 开
印　　　张　6
字　　　数　114 千字
版　　　次　2022 年 9 月第 1 版
印　　　次　2022 年 9 月第 1 次印刷
书　　　号　ISBN 978-7-224-14480-2
定　　　价　59.00 元